【中国人格读库】

国家新闻出版广电总局

培育和践行社会主义核心价值观主题出版重点出版物

蔡锷传

高占祥 主编

周婷 著

北京时代华文书局

图书在版编目（CIP）数据

蔡锷传 / 周婷著 . -- 北京：北京时代华文书局 , 2015.7（2022.3 重印）
（中国人格读库 / 高占祥主编）
ISBN 978-7-5699-0310-2

Ⅰ . ①蔡…　Ⅱ . ①周…　Ⅲ . ①蔡锷（1882～1916）—传记　Ⅳ . ① K825.2

中国版本图书馆 CIP 数据核字（2015）第 136534 号

蔡 锷 传
Cai E Zhuan

主　　编｜高占祥
著　　者｜周　婷

出 版 人｜陈　涛
责任编辑｜邢　楠
装帧设计｜程　慧　段文辉
责任印制｜訾　敬

出版发行｜北京时代华文书局 http://www.bjsdsj.com.cn
　　　　　北京市东城区安定门外大街 138 号皇城国际大厦 A 座 8 楼
　　　　　邮编：100011　电话：010 - 64267955　64267677
印　　刷｜三河市嵩川印刷有限公司　0316 - 3650395
　　　　　（如发现印装质量问题，请与印刷厂联系调换）
开　　本｜787mm×1092mm　1/16　印　张｜12.5　字　数｜118 千字
版　　次｜2016 年 1 月第 1 版　印　次｜2022 年 3 月第 3 次印刷
书　　号｜ISBN 978-7-5699-0310-2
定　　价｜39.80 元

版权所有，侵权必究

《中国人格读库》编委会

主　任：高占祥

编　委：陈伟文　连瑞谦　刘晓红　刘艳华

　　　　谢锡文　杨迎会　杨红卫　杨廷玉

　　　　杨志刚　张广海　周殿富

社会主义核心价值观与中国人格

周殿富

社会主义制度在中国已经建立了六十余年，而我们党则在本世纪初叶提出了培育弘扬社会主义核心价值观的重大课题，显然是其来有自。

社会主义的道德风尚在新中国蔚然兴起，曾经那样地风靡于二十世纪中叶。邓小平同志曾经在改革开放中讲过，当年"这种风气不仅是中国历史上从来没有过的，而且受到了世界人民的赞誉"。然而可惜的是，这个在社会主义制度建立与实践中，同步兴起的社会主义道德风尚的成长道路，却是一波四折。半个多世纪以来，它先是与共和国一道遭受了十年"文革"的浩劫；接着便是全党工作重心转移到改革开放进程中，欧风美雨"里出外进"的浸洗濡染；再接着是西方"和平演变"在东欧得手的强烈震荡与冲击；最后又是市场经济中那两只"看不见的手"在搅动着、嬗变着人们的价值取向。至少在国民中出现了价值观上的多层次化，传统美德的弱化，社会道德文明水准的退化，光荣革命传统的淡化，这也许正是中央在本世纪初提出社会主义核心价值观的原因吧。

不管怎么"变"，怎么"化"，当我们回首来时路，却不能不说，中华民族真的很强大，很值得骄傲。人类经历了几千年的文明进程，堪称世界文化之源的"五大文明古国"，其他四大古国文明都已被历史淘汰灭亡，只有中国成了唯一的延续存在。近现代即使那般的积贫积弱，被西方列强豆剖瓜分、弱肉强食，想亡我中华都不可能，就连最强大的美帝国主义，最凶残的日本军国主义都成为我们的手下败将，而且打出了一个新中国，且跨过整整一个历史阶段，直接进入了社会主义。西方敌对势力几十年不遗余力地对新中国百般围剿，"冷战""热战""和平演变"手段用尽，连如此强大的前苏联乃至整个苏东阵营都被瓦解了，而社会主义的旗帜仍旧在960万平方公里的土地上高高飘扬，而且昂首挺胸地屹立在世界的东方，中国真的是太强大了。几十年来的瞩目成就，竟然令西方发出了"中国威胁论"。你管他别有用心也好，言过其实也好，总比让别人说我们是"瓷器"，是"东亚病夫"好吧？1840～1949年的一百零九年间，中国尽受别人的欺负、"威胁"了，我们也能让那些昔日列强有点"威胁感"，又有什么不好？更何况这是他们自己说的啊！我们并没吹嘘，也没有去做。几千年来我们侵略过谁呢？"反战""非攻""兼相爱，交相利"，中国古有墨子，近有周恩来、邓小平同志。这也是中华民族固有传统美德的延续吧！

生于忧患，死于安乐，这也当是中华民族的一个传统美德吧？几十年来尽管中国如此繁荣兴旺，但从邓小平生前一直到党的"十八大"以来，无论哪一届中央领导集体，从来都没有忘记过国之忧患。忧在何处，患在何处呢？

二十世纪八十年代末，邓小平同志曾经在半年的时间内四次提到：中国改革开放十年最大的失误在教育，在"对青年的政治思想教育抓得不够""对人民的教育不够"，足见他的痛心疾首。他晚年时又提到了"国格"与"人格"的问题，讲道："谈到人格，但不要忘记还有一个国格。特别是像我们这样第三世界的发展中国家，没有民族自尊心，不珍惜自己民族的独立，国家是立不起来的。"

（精装版《邓小平文选》第3卷331页。）

人们很少注意到邓小平的这一段话，但邓小平恰恰是在这里把"国格""人格"提升到了事关"立国"的高度。

那么，什么是我们社会主义的"国格"呢？邓小平讲得很明白："民族自尊心""民族的独立"。

新中国一路走来，我们最大的尊严便是完全靠"自力"，靠"艰苦奋斗"，而达"更生"之境。对西方敌对势力的"冷战""热战""和平演变"，我们何曾有过屈服？也正是在这一前提下，我们才有真正的"民族独立"。这就是我们的国格。那么什么是我们中国人的人格呢？邓小平同志在这里没有讲，但他在1978年4月22日召开的全国教育工作会议上的讲话中，在讲到我们的教育培养目标时，至少提到与社会主义人格相关的各个方面：革命的理想，共产主义的品德，勤奋学习，严守纪律，艰苦奋斗，努力上进，爱祖国，爱人民，爱劳动，爱科学，爱护公共财产，助人为乐，英勇对敌，集体主义精神，专心致志地为人民工作，等等。这里的哪一条不属于社会主义人格的范畴呢？

2006年党的十六届三中全会，第一次提出了"建设社会主义核心价值体系"的历史性命题和战略任务。2007

年，胡锦涛同志在"6·25"讲话中又具体提出这个"体系"包括四个方面的内容：①马克思主义的指导思想；②中国特色社会主义共同理想；③以爱国主义为核心的民族精神和以改革创新为核心的时代精神；④社会主义荣辱观。这四个方面，一是信仰，二是理想，三是精神，四是道德文明，哪一个不在社会主义人格的范畴之内呢？党的十七届六中全会又提到了社会主义核心价值体系是"兴国之魂"。

2012年11月，在党的"十八大"上又用"三个倡导"把社会主义核心价值观概括为十二项：①倡导富强、民主、文明、和谐；②倡导自由、平等、公正、法制；③倡导爱国、敬业、诚信、友善。而且中办文件又把这"三个倡导"分为三个层面：第一个"倡导"的四项，是国家层面的价值目标；第二个"倡导"的四项，是社会层面的价值取向；第三个"倡导"的四项，是公民个人层面的价值准则。实际上前两个"倡导"的八项都是属于"国格"范畴，而第三个"倡导"是属于"人格"范畴。

那么，我们怎样才能在前面讲到的那些历史嬗变中培育建构起这个"核心价值观"呢？中共中央政治局的第十三次集体学习，似乎很明确地回答了这个问题。

新华社北京2014年2月25日电讯称：中央政治局在2月24日，以弘扬社会主义核心价值观，弘扬中华传统美德为内容，进行了集体学习，习近平总书记在主持学习时强调：

培育和弘扬社会主义核心价值观必须立足中华优秀传统文化。牢固的核心价值观，都有其固有的根本。抛弃传统、丢掉根本，就等于割断了自己的精神命脉。博大精深的中国优秀传统文化是我们在世界文化激荡中落稳脚跟的根基。中华文化源远流长，积淀着中华民族最深层的精神追求，代表着中华民族独特的精神标识，为中华民族生生不息、发展壮大提供了丰厚滋养。中华传统美德是中华文化精髓，蕴含着丰富的思想道德资源。不忘本来才能开辟未来，善于继承才能更好创新。对历史文化特别是先人传承下来的价值理念和道德规范，要坚持古为今用、推陈出新，有鉴别地加以对待，有扬弃地予以继承，努力用中华民族创造的一切精神财富来以文化人，以文育人。

习近平总书记的这段论述相当精辟，对于如何培育建构社会主义核心价值观问题从四个方面剀切明白。

第一，他明确指出要在中华优秀传统文化的基础上，来构造我们的社会主义核心价值观，而不能割断历史。这一条十分重要，否则我们便会失去我们的本来面目，便会成为无源之水，也就无法走向未来。

第二，指出了中华传统美德是中华文化精髓，蕴含着丰富的思想道德资源。这就为我们揭示了社会主义核心价值观，要以弘扬优秀的中华传统美德为基础。

第三，他指出，对传统文化在扬弃中继承，在继承中创新。这就是说，社会主义核心价值观的内涵，既要有优良传统的文化精神，也要有时代精神，是二者的有机结合。

第四，他指出要用中华民族创造的一切精神财富，来化人育人。这就是说，弘扬中华民族文化，并不只是传承儒学那些道统，而是要弘扬全民族共创的优秀传统文化。同时也就是说，培育、弘扬社会主义核心价值观的根本目的是化民、育人。

尤其值得瞩目的是，习近平总书记在这次讲话中提到了一个"中华民族独特的精神标识"问题，而在同年的全国组织部长会议上又提出我们再也不能以GDP论英雄的思想。让人欣慰的是，思想道德文化建设终于被提升到一个民族的标识地位，这至少表明中国人的思想观念，并不落伍于世界潮流。

并不受人欢迎的亨廷顿生前给他的祖国提出的警示忠告，竟是如何弘扬他们没有多少历史和文化的"传统文化"："盎格鲁新教精神——美国梦"，以此为国家的"文化核心"问题。他讲道："在一个世界各国人民都以文化来界定自己的时代，一个没有文化核心而仅仅以政治信条来界定自己的社会，哪有立足之地？"所以，他提醒他无限忠于的祖国，一定要巩固发扬他们自入居北美以来，在新教精神基础上形成的"美国梦"理念的"文化核心"地位，这样才能消解这个国家的民族与文化双重多元化的危机。为此，他甚至预言美国弄不好会在本世纪中叶发生分裂。而且他公开预言不列颠大英帝国也会因民族与文化多元化的问题，导致在本世纪上半期发生分裂。

西方的一些专家学者们也十分强调国家民族文化的地位问题，柏克说："全世界的人根据文化上的界限来区分自己。"丹尼尔同样说："保守地说，真理的中心在于，对一个社会的成功起决定作用的是文化，而不是政治。开明地说，真理的中心在于，政治可以改变文化，使文化免于沉沦。"这些语言也可能有它们的局限性与某种非唯物性，但至少可以让我们看到那些发达的资本主义国家在想什么，至少与马克思主义经典作家们，关于意识形态并不总是消极被动地接受它的经济基础的论断并不相悖。

中国显然具有世界上最悠久的民族文化，同时显然也拥有世界上最强大的政治优势。新中国包括它直接进入社会主义的经济形态，以及其后的一次次经济变革，哪一次不是靠政治力量在强力推动呢？它当然同样拥有让我们几千年的民族文化"免于沉沦"的能力。有学人认为我们的民族文化早就被以往一次次的历史性灾难割裂了，这个看法显然都是毫无道理的。但我们当下却确实面临着"两个传统"失传失统的危险。中国的传统文化与优秀的民族美德，在当代国民中还有多少传承？老一代中国共产党人用生命与鲜血铸就的光荣革命传统，在党内还有多少"光大"？我们现在全民族的"核心文化"到底在何处？"社会主义核心价值观"的提出不仅符合世界潮流，也是使我们优秀的民族文化得以传承而不发生历史断裂的根本保证。富和强永远都不是一个民族的标志，哪个国家不可以富，不可以强？但能代表中国"这一个"本来面目，具有自己民族特色的，唯有中华民族的文化，能代表中国人形象的只有中国独具的道德人格。什么是人格？人格就是原始戏剧中不同角色的本来面目。

综上所述，我们是不是可以这样认为，社会主义核心价值观应内含如下的成分：中华民族传统文化中的优秀传统美德；中国人民近现代反帝反侵略反封建的爱国主义、斗争精神与中国共产党领导下形成的几十年光荣革命传统；中国化了的马克思主义有中国特色社会主义的共同理想；与"中国梦"远大目标相适应的时代精神。由这些内涵构成的社会主义核心价值观，用它来干什么呢？用习近平总书记的话来说就是"化人""育人"，把它再具体化一下，无非是打造能体现中华民族特色，代表中国形象的国格、人格。在思想道德层面上，一个国家的民族精神也只有在人的身上才能体现，所以我们依据社会主义核心价值观的基本要求，针对当代青少年的实际情况，策划了《中国人格读库》这样一套大型系列选题。

本套书承蒙全国少工委、中华文化促进会、团中央中国青年网三家共同主办推广，并积极提供书稿。难得高占祥老前辈热情出任该套书的编委主任，且高占祥同志不辞屈就加盟主创作者队伍。一些大学、中学教师与青年作者也积极加盟此套书的编写。该选题被国家新闻广电出版总局列为2014年全国社会主义核心价值观重点选题，在此一并鸣谢。

希望本套书的出版能为社会主义核心价值观的培育与弘扬，为促进青少年的道德人格养成起到积极的作用。欢迎广大读者与作家对不足之处批评教正，多提宝贵建议与指导意见。

谨以此代出版前言并序。

二〇一四年十月

于北京时代华文书局

目录

一、聪慧少年遇名师

湖南中部偏南有一个美丽的小地方——宝庆，北有首望、留蝉二山，东部衡山五岭蜿蜒相连，西南以巫山、唐纠山为屏障，是资水和邵水的汇合处，形势险要，素为湘西南重镇，古有"铁宝庆"之称。宝庆有一个邵阳县，县里有一个亲睦乡，依山傍水，像很多南方乡村一样，山明水秀，风光优美。1882年12月18日，一声啼哭划破亲睦乡的长空，一个新生命诞生在这个风雨飘摇的年代。母亲慈爱地看着孩子，想起分娩前夕梦见自己上山打柴，在山坡上被一棵松树绊倒，因之取名为艮寅，字松坡。这位母亲想不到，这个孩子以后将会成为一代名将，在中华民族走到历史岔路口的时候，振臂一呼，应者云集。他就是著名的政治家、军事家蔡锷。

蔡家世代务农，家境贫寒。蔡锷在兄妹五人中，排行第二。1887年，因生活贫困，全家迁往武冈县黄家桥，改以裁缝为业，后来蔡锷的父亲又自办私塾，招收学生，借以维持生活。这次

蔡锷

的举家搬迁给小蔡锷印象很深，一路上他第一次领略了世界之宽广，天地之多彩。小蔡锷天资聪颖，由父亲开蒙教导，6岁识字读书，10岁便通读四书五经，且能下笔成文。但家庭的贫寒无法满足小蔡锷渴求读书的欲望，没钱买书更买不到书。他就打探谁家有书，哪怕几十里远都要徒步去借，不让借就手抄。

1892年，小蔡锷应县试，同乡名士樊锥看中了他，当知道这个孩子聪慧好学但家里贫困负担不起学费，于是跟他父亲说愿意免费教导他。

樊锥，字春渠，是湖南学者王先谦的学生，思想激进开放，是变法维新著名的"乱党"，著有《开诚篇》、《发锢篇》，为当时许多人视为"怪物"。谭嗣同、唐才常组织南学会时，他曾在邵阳组织分会并任会长。樊锥在白云庵讲学，非常器重松坡，悉心教导，同时还担负他的生活费用。樊锥的文章恣肆淋漓，痛快爽利，这对蔡锷的文风影响很大。更主要的是，樊锥作为湖南闻名的维新志士，特别重视学生的爱国主义教育，从中法战争和中日甲午战争说到帝国主义长期以来对中国的侵略，揭露清政府的腐败无能，激励学生要为中华振兴而努力奋斗，这无疑在少年松坡的心中种下革命的种子。在樊锥的尽心培养之下，蔡锷在学业上突飞猛进。十四岁的时候，湖南督学江标欣赏他的文才，补为县学生。蔡锷十五岁参加岁试又取列一等，一时被传为"神童"，他敏捷的才思在当时传诵一时。

关于蔡锷的神童美名，有不少故事流传。相传上宝庆府赶考时，蔡锷经过一家店铺，他对一面画着福禄寿三星的镜子感兴趣，久久伫立观看，不肯离去。老板见状，又听说此小孩是赶考生，惊诧之余有心试一试这个小孩，就跟他说，若能对上自己出的对联就将这个镜屏相送。老板出的上联是"福禄寿三星拱照"。蔡锷马上对"公侯伯一品当朝"，老板拍案叫绝，立刻将镜屏送给他。进考场的时候，蔡锷因个子小骑在父亲肩上，主考的学政江标看到便说是"子将父作马"，他随口回答"父望子成龙"。考完试的蔡锷在院中赏花，看花开得可爱便摘了一朵，恰巧又被江标看到，学政大人笑他"小学生暗藏春色"，蔡锷躬身谢对说"大主考明察秋毫"。这些传说虽无法考证，也说明少年蔡锷机智聪慧之名远扬，在同龄人中出类拔萃。

中日甲午战争后，列强瓜分中国的步伐加快，民族危机空前严重。康有为、梁启超、谭嗣同、唐才常等著名的爱国知识分子，先声夺人，四处奔走，宣传变法维新，呼吁救亡图存。湖南巡抚陈宝箴，思想比较开明，支持变法宣传，主张实行新政。1897年陈宝箴在长沙创办时务学堂，以谭嗣同为学堂总监，梁启超为中文总教习，唐才常等分任讲席。开办这所学堂的目的是开启民智，创立风气，教授新学，培养变法维新的骨干人才。

1897年秋，蔡锷跟随樊锥到长沙参加秋闱，没有考上。同月，陈宝箴发布了《时务学堂招考示》，省内各地学子赴考之人竟达4000人之多，松坡参加了时务学堂第一期招生考试，以第三名的优异成绩入选中文内课生。

维新志士谭嗣同

在学堂同届第一班40名学生中，蔡锷虽然年纪最小，却是学习最刻苦用功的，成绩也是最优秀的，梁启超尤其喜爱这个上进的小伙子。梁启超在教学中，着力宣传维新变法理论，旁征博引，东西结合，介绍公羊学派的世界观，改良主义的政治论，列举了众多事实，抨击和揭露清王朝的腐朽和愚昧，论证政治改革的必要性。在学术方面，梁启超则把自荀子以下汉唐宋明清学者抨击得体无完肤。梁启超的学问和思想极大地开阔了学生们的视野，锻炼了学生们的心智。时务学堂除了教授经史子集外，还传授资本主义国家政治法律以及自然科学知识，甚至还筹办内河轮船、开矿、修铁路等新政。可以看出，时务学堂崇尚的是经世致用，理论与实践相结合，目的在于培养维新变法、振兴国家的人才。《湖南时务学堂学约》明确指出："学者若志在科第，则请从学究以游；若志在衣食，则请由市侩之道"。唐才常则重点讲授《明夷待访录》《日知录》等书，以明末清初伟大的爱国思想家顾炎武、黄宗羲、王夫之的高尚情操启迪后生。按察使黄遵宪也经常下宿舍，与同学们畅谈国家大事，并勉励青年学子们要担负起拯救中国的责任。在教学上，则采用学生按日作札记，由教习批改的方式，当学生们有任何难点或新的想法，可以随时求教，或者大家讨论，各抒己见。在这样的学习氛围中，蔡锷受到了极大的冲击和震撼，革新政治、变法图强的思想逐渐萌发，他也逐渐认识到封建君主制度的不合理，开始接受民权民主的学说。年少气盛的他与同学谈到当

支持变法的光绪皇帝

时的腐败政治时，他总是愤慨激昂，小小年纪便决心为拯救国难贡献自己的一切力量。求学的这段时间，蔡锷与梁启超结下了深厚的师生情谊。

　　1898 年秋，在光绪皇帝的支持下，康有为、梁启超等人进行维新变法，但变法只维持了百余天，即遭到以慈禧太后为首的保守势力的残酷镇压。谭嗣同等六君子慷慨就义，康有为、梁启超逃亡日本。戊戌变法失败后，时务学堂被迫停办。师生们逃的逃，散的散。特别是谭老师的死，使所有学生顿觉五雷轰顶，让年轻的蔡锷第一次切身体会到政治斗争的严酷。同时，他也明白欲成大事者必先立必死之志，将生死置之度外，才能有勇气直面大难而奋起。

梁启超

二、东渡异乡赤子心

1899 年夏天，蔡锷转往上海，准备投考南洋公学。没想到南洋公学刚好放暑假，蔡锷只能暂时寄宿在学校，拮据度日。回看这一两年的求学之路，风波突起，时事莫测，出路茫然，蔡锷感觉自己是漂泊无依的孤儿，一向坚韧的他也不禁暗暗流下伤感的泪水。而正当他举目无亲、失措彷徨的时候，梁启超的一封来信就像茫茫苦海中突然出现的一盏明灯，邀他去日本。蔡锷读完信，兴奋之情溢于言表。于是，在唐才常的资助下，他立马打点行李，踏上新的旅程，东渡日本求学。

蔡锷初到日本，跟着梁启超住进了在小石川区久坚町租的三间房子。一同寄宿该处的，还有十几个亡命日本的青年学生。据梁启超回忆："我们十几个人打地铺，晚上同在地板上睡，早上卷起被窝，每人一张小桌念书。"虽然物质条件非常艰苦，但总归能回到恩师身边，不再无依无靠，蔡锷等人在精神方面还是异常快乐的。这样共同生活学习的亲密时光长达 9 个月。

八国联军侵略者

不久，蔡锷进入大同学校学习日语，补习普通学科。稍后，考入横滨东亚商业学校，并加入唐才常成立的自立会，组织自立军，目的是"保国保种"，推翻清朝统治。自立会与当时正在海外策动革命的孙中山有紧密联系。

1900年，义和团运动爆发，日、俄、德、意等八国联军乘机发动侵华战争，先后侵入天津、北京。此时，清政府忙于调兵招架八国侵略军，而南方空虚，唐才常认为这是发动反清革命的好时机，于是在秋季，他领导自立军回国，计划在汉口发动武装起义。

据唐才常的弟弟唐才质回忆，到日本的蔡锷本想学习陆军。但看到同学们都跟随老师唐才常回国发起革命，要勤王讨贼，为六君子复仇。血气旺盛的蔡锷不甘人后，也悄悄返国参与运动。但唐才常对这个小同学似乎并不欢迎，或是以为其年纪太小难当重任，打发他去联络前军统领黄忠浩。然而，驻军汉阳的黄忠浩并未响应，他还把蔡锷强留在家中，不让他回去参与起义。也许是上天的眷顾，正是因为黄忠浩的强留，蔡锷才躲过此劫。唐才常一行人的起事被发现，张之洞立即派人围剿，殉难者11人。未满18岁的松坡目睹了国势危亡，同志举义，惨祸频仍的景况，不由得悲愤顿足，忧心如焚，这样一场悲壮的生离死别，这样的血腥风雨并没有打垮年幼的蔡锷，却使他更深刻、沉痛地认识到革命仅凭一腔热血是难以成功的。多思善辩的蔡锷变得更沉静严谨，这是老师和同学们的鲜血换来的教训！他在革命同志资助下，再度转赴日本求学。

在东渡的船上，蔡锷挥笔写下一首长诗，倾吐了自己的激愤心情：

拳军猛焰逼天高，灭祀由来不用刀。

汉种无人创新国，致将庞鹿向西逃。

前后谭唐殉公义，国民终古哭浏阳。

湖湘人杰销沉未，敢谕吾华尚足匡。

圣躬西狩北廷倾，解骨忠臣解甲兵。

忠孝国人奴隶籍，不堪回首瞩神京。

归心荡漾逐云飞，怪石苍凉草色肥。

卅年旧剧今重演，依样星河拱北辰。

千载湘波长此逝，秋风愁杀屈灵均。

哀电如蝗飞万里，鲁戈无力奈天何。

中原生气戕磨尽，愁杀江南曳落河。

天南烟月朦胧甚，东极风涛变幻中。

三十六宫春去也，杜鹃啼血总成红。

贼力何如民气坚，断头台上景怆然。

可怜黄祖骄愚剧，鹦鹉洲前戮汉贤。

烂羊何事授兵符，鼠辈无能解好諜。

驰电外强排复位，逆心终古笔齐狐。

而今国士尽书生，肩荷乾坤祖宋臣。

流血救民吾辈事，千秋肝胆自轮囷。

从此，他将自己原来的名字"艮寅"改为"锷"，取刀剑锋刃之意，决心从戎习武，以更强有力的手段拯救国运，闯出一条救国救民的新路来。蔡锷把自己的想法告诉了恩师梁启超。梁启超看着蔡锷那瘦弱单薄的身体，又看看蔡锷那坚定的表情，又好笑又担忧地说："你以一文弱书生，恐怕难以承担军事重任。"蔡锷掷地有声地回答说："只要先生为我设法学得军事，将来不做一个有名军人，不算先生门生！"看到弟子如此志向，梁启超感到十分欣慰。在梁启超的牵线帮助下，蔡锷以私费进入东京陆军成城学校学习。当时日本的军事学校等级可分三级：陆军预科学校、陆军士官学校和陆军大学校。其中最高级的是陆军大学校，直接隶属于参谋本部，主要培养陆军将佐和参谋人员。而陆军士官学校是初级军校，专为培养军队尉官（亦称士官）而设。成城学校是士官学校的预科，主要是为学生进入士官学校打好基础，功课的设置与普通中学差不多，但偏重实操训练，如兵操、体操，学生毕业后可以报考士官学校。成城学校是一所私立学校，该校还特意为中国留学生编著了学习日语的课本。所以，一般到日本学习军事的留学生都要先进入成城学校或振武学校学习。

在成城学校留学生中，蔡锷是年龄偏小的一个，却非常活跃上进。他在努力学习文化知识的同时，还进行社会活动，主

日本陆军大学校

动与同学联络感情，交流学识。1901 年，蔡锷与旅日的湖南同乡创立了"湖南编译社"、"游学编译社"和校友会。他们以改良政治、建设新国家为宗旨，经常聚在一起讨论国事，抒发抱负。蔡锷在他们的刊物《游学译编》上发表了《致湖南士绅诸公书》，以"湖南留学生同上"为落款，蔡锷在这篇文章中大篇幅地介绍了日本改革的经验，最后敦促湖南当局要移民风、开民智。而此时，清政府已经开始推行新政，蔡锷的诉求竟然受到了湖南官绅各界的关注和重视。

那一批日本留学生，政治主张上主要可以分为三派：一是激进革命者，主张先破后立，即首先应该推翻清王朝，然后再考虑建设的问题；另一是认为中国积贫积弱的根源在于教育落后，因此主张先实行国民教育，提高国民的文化素质，提升民族文化；第三派则认为，救国须从军事入手，此时的蔡锷思想上倾向于第三派。

1902 年 2 月，梁启超创办了《新民丛报》，蔡锷以"奋翮生"为笔名，在《丛报》中连载了一篇名为《军国民篇》的长篇文章，宣扬"军国民主义"，这对蔡锷来说是一件重要的事。文章中，他细致解剖揭露了中国社会的种种弊端，反思了中国何以如此孱弱。他认为有八方面原因，即：教育不普及，学派不统一，文学不健康，风俗不进步，体魄不健壮，武器不先进，精神不振作，国家不团结等。他认为，要想改变以上种种弊端，就必须实行军国民主义。蔡锷大声疾呼，发出军事救国的呐喊。

"军国民主义"在很多人看来与"军国主义"等同了。认为"军国民主义"是扩充军备，一切以对外扩张的军事目的为主的思想。其实并非如此，军国民主义思想发轫于19世纪后期的德国，最初是一种体育思想，主张把军事训练方法运用到学校的体育教学中，把学生直接训练成士兵。《军国民篇》中也写道："军国民主义，昔滥觞于希腊之斯巴达，汪洋于近世诸大强国。欧西人士，即妇孺之脑质中，亦莫不深受此义。盖其国家以此为全国国民之普通教育，国民以奉斯主义为终身莫大之义务。"所以，蔡锷提出的"军国民主义"是一种教育思想，以"强国"为目标，与以"对外扩张"为主要目的的"军国主义"是完全不同的。

《军国民篇》的一大要义就是"全民皆兵"的主张。蔡锷指出当今中国处于战争频仍的国际环境之中，若要保持主权独立自主，就必须有强大的军事力量，如何强大？实行"义务兵役制"，即"全民皆兵"。所以，国民的素质决定军队的素质，要提升军队的战斗力，不得不加强国民的战斗力，要培养出有军人智识、精神、本领的国民。那么，如何实行军国民主义呢？当时许多爱国志士多方探究，众说纷纭。有人提出扩大军队的规模，提高军队的质量；有人则认为要从装备入手，多购买添置先进的武器装备。而蔡锷则认为"欲建造军国民，必先陶铸国魂"。何谓国魂？在蔡锷看来，日本有所谓"大和魂"，美国有以"美洲是美国人的美洲"为口号的门罗主义，俄国有泛斯拉夫主义，虽然它们具体产生的条件、内涵和作用不同，但对当时苦于缺乏凝聚力的中国人是有吸引力的，蔡锷希望中国人有"一种能够适应时代潮流的、全新的民族精神"。蔡锷以为中国若能有此"国魂"，那就有了"国家建立之大纲，国民自尊自立之种子"。不难看出，蔡锷的"国魂"思想，很大程度上是受到日本尚武教育的启迪。他思考日本国由弱变强、崛起于亚洲的原因，在这个过程中体会认识到精神气质的力量，这比当时一味地注重军事装备的清政府洋务派在认识上更高明了一步。然而，蔡锷毕竟还是个涉世未深的青年人，且受到老师梁启超等改良派的影响，他的政治思想只是停留在"改良"上，他还没深刻地认识到清王朝气数已尽，仅仅靠改良并不能强化统治，"国魂"也不能使它起死回生。

尽管有局限性，但《军国民篇》毕竟是较早的军国民教育的著作，创造性地把军事救国与教育救国相结合。所以振臂一呼，群起响应，掀起一阵以军国民教育作为重要研究主题的风潮，众多留学生竞相在报刊、杂志上发表文章，发出在中国实行军国民主义的狂热呐喊。

1903 年 5 月，蔡锷毕业，7 月 24 日加入日本仙台骑兵第二联队，成为入伍生；12 月 1 日考入日本陆军士官学校第三期骑兵科。一开始对蔡锷从戎并不看好的梁启超没想到，消瘦的蔡锷竟能一直保持优异的成绩，不管习文学武，都名列前茅。在日本求学的日子也许正是蔡锷磨炼心智的重要阶段，向瞧不

蒋百里

起自己的人学习，需要莫大的勇气和毅力。如何在充斥着民族歧视的异国军校里有尊严地生活，如何面对那些隐藏不了优越感、克制不住蔑视心理的日本军人的眼光？蔡锷只能用实际行动证明中国人的尊严。在士官学校，蔡锷一面以羸弱的身躯承受着紧张艰苦的军事训练生活，一面满怀热血，积极寻求救国救民的道路。他慷慨激昂地说："大丈夫当视国如家，努力进行，异日列吾国于第一等强国之列，方不负此七尺躯也。"正是凭这样满腔的爱国热情，蔡锷克服了重重困难，在各方面的成绩都超过了许多日本人，其中不乏后来侵华日军的高级将领。

1904 年 11 月，蔡锷毕业于东京士官学校，在过百名毕业生中，他与蒋百里、张孝准的成绩名列前茅，被誉为"中国士官三杰"。1904 年年底，22 岁的蔡锷身着严整的戎装，心怀救国的热望，踏上了归国的航程。

三、怀古中原谁是主

　　刚刚回国的蔡锷，一肩负着民主共和的远大理想，一肩担着整军经武的现实需要。意气风发的少年英才，即将回到风雨飘摇、疲病交加的祖国，望着渐近的目的地——上海，蔡锷思绪万千，他所要面对的不再是单纯的军校生活，而是严酷的国内形势，一边是革命同志的殷切召唤，一边是朝廷官僚的极力拉拢，如何在新旧两派的纠缠中平衡而稳健地完成时代赋予的双重使命，年轻的蔡锷踌躇满志。

　　此时的上海，波诡云谲，自 1900 年 8 月始，英、法、日、德等国的军队便以"保护租界"为名，相继在上海登陆"协防"。这个沿海港口大城市，是各国留学生回国的中转之地，新兴思潮，特别是暴力革命，如星星之火，汇集于沪。章士钊和杨笃生则是当时革命人物的代表，为配合黄兴在长沙起义，他们在上海创设爱国协会作为华兴会的外围组织，杨为会长，章为副会长，其所有的革命计划，皆以暴力为主。按章士钊在《疏〈黄帝魂〉》

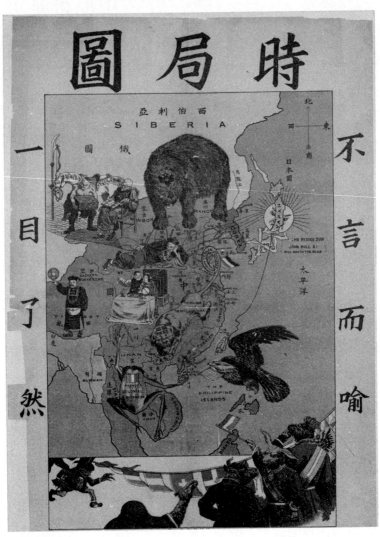

时局图

中的说法，当时谈革命的留学生可分两派，一是出言无择，嬉笑怒骂，有明末清初著名说书人柳敬亭的风采。另一派则正相反，他们志存颠覆，而迹求隐晦，谨言词、慎交友，唯恐因为意外的疏忽给革命事业带来损害，杨笃生、蔡松坡都是这样的人。所以，当他们得知蔡锷由日本返国，道经上海时，力邀蔡参加协会。蔡锷满腔革命热情正愁无用武之地，未踏国土，便受到这样诚恳的邀请，便欣然前往。参会当天，蔡锷戎装出席，手握佩剑，严肃端正，凛然之气，震慑着在场每一个人，可见他极其重视这次盟会。章士钊在后来回忆中也描写当时的蔡锷："彼戎装莅盟，佩剑铿然，其持态严肃，为吾六十年来永矢勿谖之印象。"

十一月的上海秋意未消，寒意渐近，但革命的星火却如海底火山喷发前的征兆，势头虽小，却也能引起一番震动。月初，黄兴邀集了杨笃生、章士钊、仇亮、陈天华、杨度、蔡锷、仇鳌等，在上海公共租界新闸路余庆里八号开会，商议分头运动军队和学界，准备待机起义。谁知，这天租界巡捕突来围捕，黄兴本为昭告天下的通缉犯，嫌疑最大，被捕入狱。后因黄兴早已乔装打扮，难与通缉犯照片相认，且无法证实其有罪，加之蔡锷赶赴泰兴向龙璋求援，奔走营救，黄兴最终得以出狱。

1894 年甲午中日战争失败，1900 年八国联军攻占北京、洗劫皇城，大清帝国迭遭惨败，饱受外国列强凌辱，加之北方义和团、华中自立军、南方孙中山和黄兴等革命党风起云涌，

义和团战士

清政府内外交困，举国动乱不堪。于是在1901年推行新政之后，中国兴起了一股筹饷练兵、创编新军以图强之新潮，北京中央政府成立练兵处，全国各省督抚也纷纷开始编练新军，创办新型军事学堂，希图收罗优秀的新式练兵人才，协助自己培训新军，壮大自身力量。因此，像蔡锷、蒋百里等学识兼优的新式军事人才一时炙手可热，刚一回国立即被各省争相聘用。而蔡锷作为留日返国最著名的"士官三杰"之首，并曾于1902年在梁启超《新民丛报》上连载长篇文章《军国民篇》，1903年在《游学译编》上发表充满爱国激情的《致湖南士绅书》，致书湖南巡抚赵尔巽及当地乡绅，请变法，力行新政，东南各省多有震动，自是更加引人瞩目，为各省封疆大吏所重视了。在回国后的这一年间，蔡锷就已经先后在江西和湖南新军中担任过短期职位了。

当时，江西、湖南、广西、贵州等南方各省的督抚都争相招揽蔡锷，希望能把这位学识兼优的新式军事人才罗致到自己身边。江西巡抚夏时在收到蔡锷回国的消息之后，立即出面邀请他赴赣，担任江西续备左军随营学堂监督，负责培养当地的新式军事人才，此外还有两江总督魏光涛、湖南巡抚俞廉三也再三邀请。经过一番考虑，蔡锷决定接受夏时的邀请，先奔赴江西就职。而在当时的中国，在中国赴日留学生和知识分子中，仇视清政府的情绪异常高涨，所以，蔡锷这种"为清廷效力"的行为自然是遭到了无数的嘲讽谩骂，但蔡锷并没有因为外界的压力而改变自己的决定。蔡锷的心中很明白，此番举动的真正意图在于报国家、御外侮。一个人要想在军事上施展救国抱负，只有首先想尽办法打进清朝政府的军事机构，获取清廷兵权，才能在当前内忧外患的形势中站稳脚跟，更有效地在清军内部积蓄发展革命的力量，最后等待时机，以便有朝一日，登高一呼，利用清廷的枪杆子给腐朽落后的清朝挖掘坟墓。但蔡锷走马上任没过多久，夏时便奉命调往陕西。蔡锷也不愿意再留任江西，趁机辞职回湘省亲。

此时，湖南巡抚已变成了端方。湖南巡抚端方算是清末八旗大臣之翘楚，曾担任过陕西、湖北和江苏等省巡抚，并远游欧洲考察西方政治，又是袁世凯的儿女亲家，也是非常重视新军练兵之事。当听闻三湘才俊蔡锷已辞职归湘，他抓住大好机会，力邀蔡锷"主持军务，以造福桑梓"，聘请他担任湖南新军教练处帮办，兼武备、兵目两军事学堂教官。面对地方父母官的盛情相邀，蔡锷不便再推辞，于是答应了下来。

这一年闲暇之际，蔡锷还常带领一些新军官兵，跨马游历雄伟的岳麓山，俯瞰秀丽的湘江，并即兴赋诗明志。这首绝句便是当时所写：

苍苍云树直参天，
万水千山拜眼前。
怀古中原谁是主？

从容骑马上峰巅！

　　由此可见蔡锷抱负之宏伟，直问"中原谁是主"！时势造英雄，这位二十三岁的青年军人，站在岳麓山的峰巅上，指点江山，激扬文字，为了祖国的安危和民族的命运，蔡锷踌躇满志，誓志横刀立马，搏击于时代的大潮之中。

四、八桂剑起一麾雄

1905 年夏，时任广西巡抚的李经羲（李鸿章的侄子）上奏朝廷，请调蔡锷赴桂任职，并连续三次派专员到长沙迎候，敦请蔡锷去广西主持新军练兵工作，而且还多次来电催促，大有"求贤若渴"之状，十分心诚。与此同时，曾任湖南巡抚、刚调任盛京将军的赵尔巽也奏调蔡锷去沈阳，将委以重任。湖南巡抚端方眼见二者都争相招揽蔡锷，也不忍自己人才流失，遂也奏请留任蔡锷。蔡锷陷入了三方之争中。

最后还是广西巡抚李经羲求贤心切，他甚至直接致电赵尔巽和端方，以地处边陲的广西国防意义之重要，且封闭落后，急需人才编练新军等理由说服两位同僚高抬贵手，把蔡锷让给自己。当时有很多朋友建议蔡锷去东北，盛京将军统辖奉天，实则基本囊括东北三省及内蒙古一部，发展前途可能更大。与此同时，他的老师梁启超则驰书劝他去广西，指出如今广西的重要战略意义："广西为西南枢纽，东连湘粤，西控云贵，实为西南重要战略重地，且自洪杨之后，地方势力扫荡已尽。此次剿匪获胜，大局初定，百废待兴，正是英雄用武之地。若汝能入桂，则一切皆可重新开始，广树桃李，积蓄力量，遂控制全省大局，再东进湘粤，北上川鄂，则天下事亦可图矣！"经过深思熟虑，蔡锷自己也做了一番比较，最后决定去广西——奉天虽比广西天地更广阔，但清政府一直控制严密，想在此开辟新天地，堪比登天之难；湖南虽为故土，但巡抚端方贵为八旗翘楚，限制繁多；而广西虽百废待兴，但枪炮、弹药及各种军事装备齐全，虽地处边陲，反而军事地势价值重要，加之巡抚李经羲如此器重，或许更易施展。

恰此时，端方离湘调任两江总督，湖南巡抚易人，蔡锷便乘机辞去，于1905年8月带领学生雷飙等十几人赴桂任职，担任广西新军总参谋官兼总教练官，及随营学堂总理官。不久蔡锷又兼任新军常备军总教练官和巡抚部院总参谋官，兼领测绘学堂事，并会同督练新军，成为广西新军建设的核心人物。不过关于蔡锷如何赴桂任职，还有另一个说法：当年蔡锷见李经羲对自己如此器重，颇为"情难峻却"，但又不愿意草率答应。又因湘、桂两省相邻，来往方便，于是他便找个机会，打算先到广西游历，了解一番再做定论。但没料到他一踏进广西，便被李经羲紧紧"羁留"，立即委以重任了。这在蔡锷的一封私人信件中有说明："经桂抚数次电调，情难峻却，偶来桂游历，遂被羁留。"

而就在 1905 年蔡锷赴桂任职之际，由孙中山领导的中国革命政党，即由中国革命团体兴中会、华兴会和复兴会合并而成的中国同盟会在日本东京宣告正式成立，使得原本分散的革命团体汇集在一起，大大增强了革命力量。此时的中国，社会政治形势风起云涌，而掩藏于其下的思想潮流也已暗流涌动，中国旧民主主义革命开始进入了一个新的时期。蔡锷本人的思想也有了极大的触动，对革命党人的支持和赞助有所增加，与革命党黄兴等人的关系更为密切。待蔡锷在广西稳定之后，许多年轻有为的同盟会会员，特别是湘桂两省的同盟会会员，如曾广轼、岳森、杨源浚、谭人凤、石陶钧、李燮和等人都先后应召赴桂，在广西新军和军事学堂中担任要职，并在蔡锷的领导与掩护下，秘密开展革命运动。这对蔡锷的活动产生了重要影响，同时也极大地增强了革命力量，对全国革命形势产生了不可磨灭的影响。

事实上，蔡锷的思想在此之前就已经有了较大的转变。据当时与蔡锷有密切来往的岳麓山高等学堂教务长周震鳞回忆，蔡锷在湖南任职时经常与有志之士密切往来，并慷慨激昂地议论和分析社会形势。这时的蔡锷已经放弃了康、梁的改良主张，积极赞成革命。周震鳞在岳麓山高等学堂任教务长，他经常来访，革命情绪异常激昂，跃跃欲试。周震鳞每每劝他韬光蓄势，目前应该多培养革命青年，等到了掌握了实力再动。这清楚地说明了蔡锷那几年思想上的转变。

孙中山在芝加哥与同盟会员合影

当时的广西是一个财政支绌、人际关系繁复、矛盾又复杂的省份，地处南疆边陲，边防亟待建设，但又矛盾重重，各种利益冲突无间断，而且财政极其匮乏，需要外省援助，才能维持局面。在这个边陲省份，在这样窘迫的形势下，能够在军事上有所成就不是一件容易的事情。

蔡锷在广西五年，兼任多项重要军职，他最大的抱负就是整军经武、巩固国防，所以在培养军事人才和加强边防建设方面着力颇多，对练兵非常重视。初到广西练兵时，蔡锷即提出了练兵主旨：

（1）为求中国之独立自由，必须能战胜帝国主义列强的侵略，应以此为练兵之最高目的。

（2）为达此目的，必须胸怀全国，与全国各省联合一致，共同奋斗。

（3）广西应争取成为全国新军之楷模，首先必须增强内部之团结。

凭着自己的声名和才干，借助岑春煊、李经羲等督抚大臣的支持，蔡锷初期的工作还算一帆风顺，很快就打开了局面，在建设新军和培养军事人才等方面初见成效。而当初一起过来的学生雷飙、谭道源、彭新民、罗质、周曰旦、易绍英、苏国屏、马孝笃、何上林、杨炳焱、肖锡赞、岳森、梅尉南等人，也都以投靠广西随营学堂为名，追随蔡锷，成为军事干才，很多人担任学堂区队长或教官等，其中相当一部分在后来更是成为了蔡锷领导辛亥云南起义和反袁护国战争的得力助手。

然而，随着蔡锷在广西军界站稳脚跟、声名鹊起，种种矛盾开始暴露出来，除了手下这些得意门生之外，许多人则冷眼相待、袖手旁观，蔡锷颇感失望与落寞，顿生辞职离任之心。1905 年，林绍年取代李经羲担任广西巡抚，蔡锷曾"拟乘他适"，向其请辞多次，但一直未得所愿。此番隐衷在后来 1907 年 5 月 31 日蔡锷致友人陈绍祖的信件中有了更进一步的说明：

> 此间官、学二界均异常欢迎，诸事尚属顺手。唯孤掌难鸣，诸友皆不我助，殊无意味。且此间财政异常支绌，军事难望大有起色。虽张公（张鸣岐）极相信任，但无米之炊，即巧媳亦所难堪耳。张公现拟竭力整顿实业，以裕财源，但亦不敢放手做去。盖一则无人，一则恐余款用罄，苟无急效，则势难支撑下去。广西前途颇不易易，弟于此间唯力所能及之事，无不尽力而已。

蔡锷在广西练兵的显著成绩很快引起了北京清政府的注意。1906 年秋天，清廷改兵部为陆军部，将此前成立的练兵处并入其中，在河南彰德举行第一次规模盛大的北方新军秋操演习，袁世凯以全国练兵处会办大臣的名义，主持这场演习。蔡锷奉令前往观操，由于他在当时全国军界已享有一定声誉，便被指派为秋操演习的中央评判官，并以雷飙为随员。秋操演习结束后，袁世凯和两位阅兵大臣又邀请蔡锷前往北京考察军事机构状况，访问了陆军部、练兵处和北京附近的各镇新军。其时，有人欲留蔡锷任禁卫军标统，但蔡锷并没有答应。后林绍年来电催其回去创办陆军小学堂，蔡锷于是返回了广西。

1907年，新任广西巡抚张鸣岐走马上任。蔡锷再次"力辞各差，摆脱去桂"，但新任巡抚张鸣岐曾是李经羲的重要幕僚，在桂多年，深知蔡锷之才干，遂极力挽留，蔡锷也只好勉为其难。张鸣岐十分器重蔡锷，编练新军、整顿边务等奏折多由蔡锷起草。1906年年底，广西开始创办陆军小学堂，到第二年初，张鸣岐认为蔡锷是最佳人选，便以"学堂为练兵根本，开办势不容缓，而总办尤须得人"为由，又奏派其总办陆军小学堂。因此，蔡锷虽知广西军事难以有起色，且困难重重，仍兢兢业业地投身于广西军政事业。

在广西近代军事史上，创办陆军小学堂比组建新军更为重要。陆军小学堂是培养陆军军官的预科学校，相当于日本的成城学校和振武学校。1904年9月，中央练兵处会同兵部奏拟《陆军小学堂章程》，开始在全国各省创设陆军小学堂，这是清政府发展近代化军事教育的重要举措。《陆军小学堂章程》中规定全国新式陆军学堂共分为四级，为小学堂、中学堂、兵官学堂和大学堂，其中陆军小学堂则为"武备之根本"，京师行省及各驻防地均应设立，其创办宗旨为"一切教育，以忠君爱国为本原，德育、体育为基址，振尚武之精神，汰叫嚣之陋习"。小学堂招收的是 15 岁以上、18 岁以下的青年，主要是高级小学毕业生，及"良家子弟"中有相当体格学历者；教授普通课及军事初级学，以培养学生"忠爱武勇、机敏驯扰"的个性，养成军人的基本素质；设为三年制，经考试择优后即进入中学堂学习。广西创办陆军小学堂就是按照此章程操办的。

创办陆军小学堂，是蔡锷回国后耗费精力最大、投入心血最多的一项事业，作为第一任总办，他对陆小着力甚大，其业绩更为人所称道。蔡锷认为，陆小的学生都是有希望的青年，是将来编练新军的骨干，而学校培养的不仅是军事人才，更应该是积极向上、堪为表率的有为青年，所以他决心尽心尽力去办好陆小，为军事救国培养人才。

在总办陆军小学堂期间，蔡锷认真严谨，精明练达，就算是对一些事务性的问题，也毫不马虎，从选校址、建校舍、聘教员、定课程到监管伙食、经办服装，他都亲自规划，仔细办理。当时陆小第一期匆促开办，只能暂时借用桂林南门外老巡防营的兵舍作为校舍，后蔡锷亲自踏勘多处地点，最后确定文昌门外、漓江右岸一片风景极佳又开阔的荒地作为新校址，并亲自规划、督工兴建。校舍只用了几个月的时间即告落成，房屋结构很好，不仅实用，而且美观，也算是当时桂林首屈一指的堂皇建筑。为了给学生提供更好的新式教育，所有教职员除提调（主办总务）楼守愚系抚署委派外，其余均由蔡锷亲自物色聘请，基本都是从日本士官学校毕业回国的留学生。这些教员大都品学兼优，具有真才实学，精通兵学、国文、历史、数学、理化、日文和法文等科目，热心教学，循循善诱，同时富有革命进步思想，深得学生们的爱戴。同时蔡锷还十分关心学生的生活，经常下厨房检查伙食情况，并要求师生同桌就餐以增进师生感情；另外他对经办学生服装、内务的人员要求严格，要求必须保质保量，一应俱全。为了增强学生们的体质，蔡锷在公务之余还亲自带领学生练习器械体操，下漓江游泳，学生们看到总办技术精湛而且热心带头练习，都非常敬佩，一个个大受鼓舞，更加努力训练提高自己。就当时社会风气而言，蔡锷能以总办之尊这样亲力亲为，实在难能可贵。

在当时，陆小作为陆军军官学堂的基础，是第一流的官费学堂，而且为了鼓励学生报考，学校待遇甚优——除了免费提供生活膳食、日常衣物和书籍文具，每个月还有助学津贴，并且保证升学和就业，因此来报考陆小的人很多。但蔡锷在组织办学时绝不徇私情，秉公办事，严格把关，保证学生质量，一时传为佳话。据陆小学员唐希抃回忆，蔡锷创办广西陆小之时，他正在湖南游学预备科读书，后征得叔父同意，拟进广西陆小就读，但在赴桂途中耽误了十几天，错过陆小第一期入学考试的考期，曾想凭借父亲与蔡锷的世交之情，希望能通融通融，但蔡锷坚决按章办事，不徇世交私情，告诉他限于学校规定，不能通融。唐希抃只好等到第二期时才报考入学。而后来在抗

李宗仁

日战争中领导台儿庄战役的李宗仁也曾有过相似的经历。1907年，李宗仁考上陆小第二期的第一名"备取"，本以为准可入学无疑，孰知事出意外，仅因十分钟之差，失去了入学资格。第二年重新考上第三期才得以入学。

对于陆小和总办蔡锷的风采，李宗仁回忆说：

全校有新式楼房十余幢，另有礼堂一所。学生的宿舍和课堂分建在大操场的两侧，学堂办公厅和礼堂则建于操场的两端，十分庄严宽敞。当时校方的教官和各部门主持人，多半是新自日本士官学校毕业回国的留学生。他们都穿着非常整洁鲜明、绣有金色花纹的蓝呢制服。足上穿着长筒皮靴，光可鉴人。腰间挂着明亮的指挥刀，在校内走动时，这柄刀总是拖在地上。因而他们走起路来，刀声靴声，铿锵悦耳，威风凛凛，使我们刚自乡下出来的农家子弟看到了真是羡慕万分。

我们的总办蔡锷将军有时来校视察，我们对他更是敬若神明。蔡氏那时不过30岁左右，可称文武双全，仪表堂堂。他骑马时，不一定自马的侧面攀鞍而上。他常常喜欢用皮鞭向马身一扬，当马跑出数十步时，始从马后飞步追上，两脚在地上一蹬，两手向前按着马臀，一纵而上。这匹昂首大马，看来已够威风，而蔡氏纵身而上的轻松矫健，尤足惊人。我们当时仰看马上的蔡将军，真有"人中吕布，马中赤兔"之感。

年轻英俊的蔡锷，脚穿长筒靴，腰挎指挥刀，每天扬鞭跃马，威风凛凛，指挥练兵。他讲解精辟，技艺娴熟，要求严格，深受师生敬佩。在他的影响下，陆小的学生们身体健康、精神饱满、着装整洁、纪律严明、成绩斐然，广为社会人士赞誉。1909年冬，第一期学生毕业，升入湖北陆军第三中学，考试成绩位列各省之冠，而且以后每次期考也总是来自广西陆小的学生位居第一。

广西陆军小学堂共办四期，先后毕业学生数百人，为广西乃至中国发现和培养了多位赫赫有名的战将，如"桂系三雄"李宗仁、白崇禧和黄少竑，以及李品仙等后来名噪一时的军事将领和政治家皆出于此。

广西巡抚张鸣岐觉得陆小为广西增光不少，更加器重蔡锷，又派给他一堆重要官职，广西相关的军事任务大多也与其咨商，或者交给蔡锷主办。

1907年3月，蔡锷开始兼任广西兵备处总办。在此期间，蔡锷悉心考察和研究边境防务，对广西的边防建设做出了重大贡献。蔡锷曾多次随从巡抚张鸣岐视察广西各地，短衣匹马巡行四千余里，考察边疆地区的山川地势及风土人情，并逐一写下札记，亲手草绘略图。经过一番实地考察，蔡锷提出了加强广西防务的完整计划，建议修筑一条贵邕铁路（从贵阳到南宁），修建沿边炮台，改善防汛工作，整顿边防军务等。张鸣岐对此大加赞赏，一一采纳，并向朝廷提出呈请，希望能早日实行。1909年，蔡锷又呈请在龙州创设边防巡警学堂，希望培养出一批拱卫边防的骨干力量；还派遣随营学堂学生分头勘测路线，为建设广西全省军路做好准备。蔡锷还根据视察边界所获得的大量实际材料，融合自己的筹边思想，撰写了《越南重塞图说》和《桂边要塞图说》两部军事论著。在当时的历史条件下，这两本书详细阐述了蔡锷对广西边防建设的设想，重要性不言而喻。但可惜的是，这两部书稿及蔡锷在广西历年所记日记数十册，在蔡锷离桂赴滇途中全部遗失，十年的心血尽化为乌有。

1908 年 4 月，张鸣岐在南宁创练常备军，委派蔡锷出任新练常备军第一标标统（相当于团长），桂林的陆军小学堂由雷飙代行职务。在此期间，蔡锷为去除封建军队的腐败之气，曾确立以下新的征兵标准："一、必须是有一定文化的青年；二、必须具有淳朴耐苦的品性；三、要明确当兵的责任。"亲自征兵百名。蔡锷按日本操典训练军队，以爱国思想教育新兵，一切操法教案都是亲手制定，每日"躬亲教练"，"将卒悦服"。

1909 年春，蔡锷又被派往龙州接掌讲武堂，更显现出其卓越的治军才能和魄力，极大地提高了他的威望。讲武堂主要负责培训广西中下级军官，但由于原先纪律散漫，而学员又绝大多数为防营统领陆荣廷、龙济光手下的旧军官佐，更是积习难改，甚至有聚众殴官、围睹杀人之事，以致学堂丑态百出。蔡锷上任后，立即严明纪律，着力整顿，加强管教，并采取断然措施，黜退失职员司，裁除闹事学生，学兵营甚至一天撤换官长二十多人，仅留一排长，同时辅以军箭、军棍等体罚手段震慑不守纪律的学生。蔡锷在整顿学堂花费了大量心血，但此番大刀阔斧地改革军事和整顿讲武堂，总算收到了明显成效，过去的"丑态怪状"，已经不复见了。蔡锷也因此发出了这样的感慨："可知'不要钱不怕死'六字，于办事大有效力也。"

1910年，他将广西讲武堂从龙州迁到桂林，仍任讲武堂监督，之后又被提升为广西仅有的混成协协统（相当于旅长），兼学兵营营长和干部学堂总办。自此，蔡锷成为了广西新军的最高长官，在广西军事界地位显赫。

五、卒然临变而不惊

居桂五载，身任数职，军事救国任重而道远；严于律己，大公无私，爱官兵学员如亲子弟，也深受其拥护爱戴；兢兢业业，勤于练兵，重视边防和培养人才，于边省军事多有贡献。这充分概括了蔡锷广西治军的劳苦功高。在此期间，蔡锷所付出的心力和承受的压力，外人是无从体会也无法想象的，这些功绩本应得到众人的认同和支持，然世事复杂，就在蔡锷努力改变旧风气、开创新局面以致"心力交瘁"时，革命阵营怀疑蔡锷死心塌地地为清政府效力，再加上此前广西军政界保守势力的忌恨，至1910年秋，新旧两派势力竟联合起来夹攻蔡锷，发动了一场规模颇大的"驱蔡风潮"，把这位广西新军的最高长官逼到了困窘之地。

清末的广西，统治集团内部派系林立，高层人士明争暗斗，早已司空见惯。身处高位的蔡锷因在广西军界一直坚持"力扫颓风，廓清积弊"，触犯了广西某些军政要员的利益，使他们早已怀恨在心，而他声望的提高更是引起了当地一批保守势力的嫉恨。早在1909年秋天，广西军政界的某些要员就开始利用各种机会掀起波澜。他们乘陆军小学堂改委总办这一契机，借口蔡锷在陆小中重用湖南籍人，排斥广西籍人而挑起衅端，将蔡锷重用、一度代行总办职务的雷飙赶出校门。此件事也为后来发生的"驱蔡风潮"作了一个前奏。

而蔡锷自赴桂任职以来，暗中一直和革命党黄兴等人保持密切的联系。不过关于蔡锷是否为同盟会会员，这一直存在争议，时人说法不一。不少当事人如林虎、李任仁、耿毅、何遂等回忆时，都说蔡锷曾加入同盟会，而且是由著名的革命党领导人黄兴介绍加入的；有人则认为，蔡锷在1906年曾"挂名"加入同盟会，但不久就与同盟会脱离了关系；但在黄兴与蔡锷本人的记载、遗稿、电文、信件或回忆中，都未直接提及入会的事情，黄兴也只是称蔡锷为"同志"、"革命同志"而已；而曾是同盟会成员，称蔡锷为自己"良师益友"的朱德，则明确地在回忆录中表示："蔡锷虽然是'一个具有爱国民主思想的人'，但并不是同盟会成员。"

依据现有的材料，很难再考证蔡锷是否曾加入同盟会，不过却可以发现蔡锷对同盟会会员的革命运动始终是抱着赞成的态度，热情地予以支持的。1907年，同盟会在镇南关发动反清起义前夕，黄兴曾化名"张愚诚"，和赵声一起来到广西，秘密会见蔡锷，"共谋革命"。蔡锷不仅热情接待了黄兴等人，而且对这一重大机密守口如瓶，并派亲信岳森暗中运送一批武器交与革命党人。可见蔡锷与革命党人情意之深。

然而，蔡锷平生沉默寡言，为人处世，向来沉静稳重、谨言慎行，对重大问题一般不会轻易表态，也不会轻率行动。任职广西期间，更是如此。对此，造成了他和广西同盟会支部之间的误会和隔阂。耿毅、何遂二人在广西组建了同盟会支部，以耿毅为支部长，何遂为参议。此时的蔡锷正一人身兼兵备处总办和干部学堂监督，掌握了督练新军的大权。耿毅、何遂二人曾在香港同盟会支部听黄兴介绍，说蔡锷是一个可以发展的同志。因此他们俩打算带黄兴的介绍信去拜访蔡锷，和他取得联系。但他们又听说蔡锷是一个讲究排场的大官，平时满嘴官腔，出入即要坐大轿子。所以两人不敢贸然求见，免得发生意外。何遂回忆说：

我们本想直接拿着黄兴的介绍信去见蔡锷。但看他表面的样子没有什么革命的味道，所以想出一个办法，在黄兴的介绍信之外，另附一信，大意说：'我们路过香港，遇见你的好友黄君，带来书信一封，并有重要事相商，请于某晚9时在江南会馆门前一叙。'并把两封信都放在蔡锷的办公桌上．可是那一天他没有来。蔡锷曾在长沙时务学堂学习，和梁启超有师生之谊．我们估计他可能是立宪派，因此就决定设法对付他了。

蔡锷回来后见到了办公桌上的这张便条，心中也对这两位陌生人的邀请犯疑，因此并未赴邀。耿、何二人在约定地点，等待三个小时也未见蔡锷踪影，心中更加怀疑蔡锷的政治态度了，于是，年轻的广西同盟会会员们打算对他采取行动。

正在这时，广西发生了干部学堂风潮事件，这件事继而被缺乏经验的广西同盟会会员和广西军政界某些不怀好意的要员借题发挥，掀起了规模浩大的"驱蔡风潮"。原来，广西属边防地区，按清政府原本计划，该省本应拟编练新军一师一旅，并按照此规模在 1909 年夏季筹办陆军干部学堂，培养新军军官。但后来由于财政困难，军费不足，只得压缩原计划，将已编成的一个师，缩编为一个混成协（相当于旅）。这样一来，原干部学堂培养的 178 名军官，势必无法全部安置。为解决学堂干部过剩的问题，时任干部学堂总办的蔡锷，得到广西巡抚魏景桐批准，决定采取考试甄别的方法，通过考核品行，考试语文，去芜存精，淘汰三分之一以上成绩低劣的军官。结果，在最后考试合格被录取的 120 多位军官中，湘桂人数比例悬殊，湖南籍的占了 90 多人，而广西籍的仅占 30 多人，即此前录取的桂籍学员被减退了 49 名，而湘籍学员只减退了 6 名。这引起了广西籍军官强烈的不满，他们认为蔡锷袒护同乡，排斥桂人，纷纷表示抗议。广西同盟会支部中何遂等青年同盟会成员，因为之前对蔡锷的成见，也趁机指责蔡锷任用私人，袒护同乡，排斥广西人，联络鼓动"倒蔡"；"驱蔡风潮"即将爆发。10 月 23 日，何遂等人利用同盟会的组织系统，煽动干部学堂的桂籍学员退出课堂，举行罢课，并向广西抚院递交了《呈控蔡锷劣迹五款》；26 日，广西咨议局议长、议员们也纷纷上书，联合提出《查办蔡锷罪十余款》，要求弹劾蔡锷，撤去其职务；31 日，陆军小学堂的桂籍学员也参与到了罢课行列。除此之外，还有学兵营罢操以提出抗议，要求驱蔡。最初，蔡锷不予理会，并没把这些当回事，依旧镇静，照常办公，丝毫没有隐退之心。广西同盟会支部见此情况，又动员了师范学堂、政法学堂罢课，还联系商会罢市，发动商会、报馆以及各学堂向新任广西巡抚魏景桐请愿，掀起更大规模的风潮，加紧驱逐蔡锷。

此时，过去曾数次请求调离广西的蔡锷反而坚守岗位，不打算离开广西了，因为他拒绝背负"莫须有"的罪名被赶走。面对这场像闹剧般的风潮，蔡锷一方面强压心中怒火，泰然处之，撰写了一副对联："澹泊明志，夙夜在公"，贴在南宁寓所中堂上，以表明自己的心迹；另一方面制止自己部下采取过激手段，并抓住清廷颁布的《议院法》中"议员不得干涉军事"的规定，电请清廷派员前往广西查办，要求将事情真相告知于众。

北京陆军部军咨处接到蔡锷的电文后，委派广东督练公所总办吴锡永赴桂彻查。经过详细了解，再三核查，吴锡永基本弄清了事实真相，向军咨处报告说：

调查该堂学生成绩标记试卷，再三详核，剔退各生尚无不公之处。唯查内有湘籍学生宾心亚一名，按其品行国文分数均应剔退而仍留堂。湘桂连界，湘人寓桂本多于他省。采访舆论，蔡总办锷平日于用人之间，不免稍重乡情，似亦在所难免；加以该省素有排斥外籍之习，遂不惜借端发作，捏砌多款禀讦蔡锷，欲其必去而甘心。但细查所指各节，大半诬枉挟嫌，毫无实据，应请免议。至桂省议员越权干涉军事，与议院法要领有违，应请奏明，加以限制，以儆将来。

在这场风潮中，蔡锷始终不露声色，极为镇定，沉着冷静地经历了一次人生大考验。但这也让蔡锷更加看清了广西的情况，以及在他选择的"军事救国"这条道路上的重重困难险阻，离桂隐退之心愈重。离桂之前，蔡锷还特意准备了一场酒席，邀请刚刚掀起"驱蔡风潮"的同盟会广西支部何遂等人来叙别。蔡锷虽然厌恶在这场风潮暗中煽动作乱、争权夺利的权贵和政客，但对于年轻的革命党人还是采取了宽容和谅解的态度，并不因此而怀恨在心，打算借此机会对这批年轻的革命者进行一番耐心的劝导。在酒席上，蔡锷对何遂、耿毅等人格外热情，宛若兄长，向他们讲述了自己的一些经历：十余年前，在日本东京，与同盟会领袖孙中山、黄兴等交往；在上海、长沙、宝庆等地，与革命党人黄兴、宋教仁、杨笃生、张继、谭人凤等策划起义等。何遂等人听了都为之动容，对蔡锷产生了敬意。

蔡锷讲完自己的革命经历，又意味深长地对耿、何等人说：

早年孙中山

"你们何苦撺我？你们是革命党，我比你们资格更老。你们太年轻，浑身带刺儿，不小心将来难免有杀身之祸。我在此尚可以为你们敷衍，我走后你们更须自爱，千万不可拔苗助长。"接着蔡锷随手从桌上取过一个大炮筒子，放在他们面前，又说道："这个送给你们做个纪念。成大事的人要有个修养，你们念过苏东坡的《留侯论》吗？所谓'卒然临之而不惊，无故加之而不怒'。你们能做到这一点，当成大事。"听到蔡锷如此坦诚、亲切的劝导，这些年轻的革命党人都十分感动，再三表示当不辜负蔡锷的教诲，谨言慎行，成就一番大事。

六、无声之处听惊雷

早在 1910 年初，云贵总督李经羲就数次诚邀蔡锷赴滇，蔡锷当时并不打算去云南，便以"母病道远，容缓计议"的理由回绝。他在《复曾广轼书》中提到自己真实的想法，蔡锷认为"滇中军事较桂省尤难，基础已坏，欲挽回补救，决非一二人之力所能奏功"。而且此时的蔡锷为努力改变广西旧风气"心力交瘁"，以致"进取之观念日消，淡退之念头日涨"，甚至想讲武堂三月卒业后，奉母回籍。但来自新旧两派夹击的"驱蔡风潮"让蔡锷对广西彻底心灰意冷，最终还是应李经羲的殷勤召唤，去桂赴滇，调任云南新军三十七旅旅长。

谁知，广西议员们仍不肯罢休，在得知蔡锷调往云南后，竟致函云南咨议局，继续弹劾蔡锷。云南议员上报李经羲，岂料李经羲反斥其盲从，军界人士也为蔡打抱不平，还打算与滇议员谈判。蔡锷一开始很气恼，后来也想开了，写信制止了谈判的事情，说"予果无状，为世所摈斥，宜也。既俯仰无愧，何恤人言？予将来若能于吾国有所建树，则彼等今日之抨击，适凑成予个人历史上之佳话，复何庸计较。"至此，"驱蔡风波"才平息。

对于云南，蔡锷有深厚的感情，他曾对记者说"予于云南心实爱戴，可为第二桑梓"。这一时期云南边境的"片马主权问题"震动全国，也牵动蔡锷的爱国之心，这也是促使了蔡锷赴云南的决心，他说"时片马问题纠葛方殷，瓜分之谣逐忽起，风鹤频惊，海内骚然。吾侪武夫，惟厉兵秣马，待机赴死已耳"，可见其慷慨决心。但到滇后的蔡锷虽深受李经羲信任，却迟迟未有职位，而在教练处编兵书、写计划，被高度赞誉的《曾胡治兵语录》即成于此时。《曾胡治兵语录》手稿原迹书名为《曾胡兵事语录》，出版时改名。这本书编辑写作的缘起在书序中有交代，蔡锷本以为无暇从事文墨，但十九镇统制（即师长）钟麟同"嘱编精神讲话"，不得不奉命应付。那蔡锷为什么会选曾国藩和胡林翼二人著作中的治兵言论呢？蔡锷是这样说的：

或曰：子湘人也，四五年来，干役岭峤。桂人谓子爱湘仇桂，群相龃龉，徒效犬马之劳，终遭薏苡之谤。曾、胡亦湘人也，且其一身历史，颇为两粤人士所诟病，至今尚蓄怒未已。今子汇辑是书，倘桂人持此，为吾子庇湘仇桂之铁案，以证子之罪，子将何辞以解？余曰：曾、胡者，中国之伟人也。伟人之行，人人得而崇拜之；伟人之言，人人得而服膺之。余之抄辑是篇，盖欲以自励而励人，固不知其所谓湘焉，知其所谓桂焉。果桂人以此罪余，余其甘罪无辞矣。

可见"驱蔡风潮"对蔡锷的打击甚大，以此书砥砺明志，同时表示自己的一片公心。

当时云南军系中有一大批北洋军官，以新军第19镇统制崔祥奎为首，不知蔡所言"基础已坏"是否暗指滇军已被效忠朝廷的北洋系所控制。1911年初，崔祥奎年老请辞，统制的位子空了出来。第19镇下辖的第37协协统王振畿、第38协协统钟麟同、总督总参议靳云鹏皆虎视眈眈，然而，蔡锷突然调滇让三人立刻紧张起来，本来这三人都是北洋出身，虽皆心怀鬼胎，但既有外患，当然先一致排外，蔡锷的处境亦是十分艰难。幸有李经羲的斡旋协调，四个月后第19镇的高级长官才各就各位。拥有深厚背景的钟麟同挤掉了资格、声望、能力皆在钟之上，却无人脉的王振畿，成为镇统，王自然不甘，于是调任督署参议，而蔡锷则接管第37协。结果总算皆大欢喜，各有所得。

蔡锷接管的第37协有第73、74两标，而第74标是蔡锷比较倚重的，因为当中的军官要么出身日本"陆士"，要么是跟随蔡锷从湖南到广西又来到云南的老部下。并非蔡锷有意偏袒，而是第73标的标统丁锦是段祺瑞保荐、随靳云鹏来滇的文人，且不说他不懂军事，思想上也十分保守，蔡锷想重用都没办法。蔡锷欣赏的是74标第一营管带唐继尧，认为他活泼勇敢，比较淡泊名利。当时新军的薪饷还比较丰厚，管带除了正薪，还有公费银一百五十两，可是唐继尧全部用在了官兵身上，毫无保留，这非常难得。不过，他当第一管带时间不长，因宣扬民族主义被解除兵权，调到讲武堂当监督。

蔡锷来到昆明以后，敏锐地感觉到云南革命的生机。自同盟会成立后，云南留日学生杨振鸿、吕志伊、李根源等，在孙中山的启发和引导下，分别加入了同盟会，并在国外组织起同盟会云南支部。不仅创办了革命刊物《云南》杂志，还派人潜回云南，遍地播撒革命的种子，特别是在云南讲武堂内部发展同盟会员。讲武堂名义上是清政府为了建立完备的军事教育体系而设，实际上已经被革命党人控制，尤其是成立第二年，讲武堂总办高尔登离任，此后从总办到监督、提调直至各兵科科长、各班班长，大多为同盟会会员。这些既有新的革命思想，又有军事才能的年轻人聚集一起，格外引人注目，特别是引起北洋派钟、王、靳的不满，经常在李经羲面前打小报告。还好有蔡锷等人袒护，加上讲武堂总办李根源手段灵活，圆滑周旋，况且李经羲也不想北洋派势力过大，讲武堂的存在倒可以与之形成制衡，所以讲武堂还是在一片争议声中"存活"下去。

李根源确实是一个完完全全的"急进派"，时时向学员灌输革命思想，比革新、立宪乃至共和派走得更远。因此，讲武堂的学生比新军更为激进，所以革命于他们而言，就是久旱极其渴望的甘霖。而此时，他们最疑惑的是标统蔡锷的态度。蔡锷从不到讲武堂和学生讲话，虽然他的办公室有各种中文和日文书籍，还允许学生借书，还有一些报纸直接猛烈地抨击各种帝制派，甚至主张武力推翻清廷，但是蔡锷从来没有表露自己的意见，也从未流露出对清政府的不满情绪。但他暗中却同云南革命力量频繁接触，机智地掩护中下层官兵中的革命活动。这样不偏不倚、保持中立的态度实际上成了革命派的保护伞，他的沉着冷静和中庸立场也深得李经羲赞许，所以当蔡锷为士官们辩解的时候显得更有公正性和说服力。当时在蔡锷手下供职的朱德回忆："蔡锷虽不是同盟会员，也从来不公开和讲武堂来往，可是他却是一个具有爱国民主思想的人，暗中和同盟会保持着联系。当时清朝政府对革命力量的压迫是极端残酷的。蔡锷当时对讲武堂的革命活动，作了很好的掩护。"

辛亥年，注定是中国数千年历史上翻天覆地的开辟时代的一年。

1911 年 1 月，湖北振武学社改组为文学社，推举同盟会员蒋翊武为社长，并在新军中发展社员八百多人，为推翻清政府的武装起义创造了条件，积蓄了力量。

3 月 24 日，黄兴在广州领导起义，亲率先锋队攻入两广总督府，可惜叛徒泄密，清军早有准备而惨遭失败，牺牲的革命者留下姓名的有方声洞、林觉民、喻培伦、林尹民、林文、陈可均、饶国梁等 72 人，葬于黄花岗，史称黄花岗七十二烈士。这场惨烈的血战大灭了清王朝的威风，为辛亥革命拉开了序幕。

4月8日，同盟会员温生才刺杀广州将军孚琦，温生才亦被捕遇害，这一壮举可把各地军政大员吓坏了，一时草木皆兵。

7月，宋教仁、陈其美、谭人凤等在上海成立同盟会中部总会，商议策划在长江中下游举行起义。

8月，四川成都一万多民众举行保路运动，反对铁路国有，且在同盟会的参与下组织了保路同志军。而清廷急派的四川总督赵尔丰是个狠角色，不仅诱捕保路同志会代表，还命军警射杀请愿群众，查封铁路公司等。一系列的铁腕手段反而激起民众的更强烈的反抗。

身在云南的蔡锷敏锐地感觉到政治形势的变化，不动声色地分批将讲武堂丙班、特别班董鸿勋等200多人，分派到新军中。第74标管带、四川人刘存厚为了营造革命氛围，发动舆论攻势，向报馆透风说四川已经独立了等等，一时搅得风云变色。10月10日，革命怒涛顺长江而下，高潮迭起，武昌起义终于爆发，震动全国，更是振奋了云南革命党人的革命意志，起义已经算箭在弦上，一触即发。

10月19日，云南同盟会员唐继尧、殷承瓛、刘存厚、沈汪度、张子贞、黄毓成等在刘存厚家里举行第一次秘密会议，酝酿响应武昌起义之事，准备联络一批周详稳慎的人，共同谋划发动革命。这次会议蔡锷并没有被邀请，主要是蔡锷之前的隐晦态度让他们摸不着头脑，到底他会不会支持革命？甚至会不会破坏革命都有人怀疑，但是殷承瓛极力推荐，并且以人格担

辛亥革命起义军人

保，蔡锷才被邀请参加了第二次会议。这次会议主要是议定联系可靠官兵，在部队中建立小团体，作为起义的骨干力量。六天后，蔡锷又参加了第六次会议，与众位革命者歃血为盟。这时殷承瓛却提出云南举义应缓行，原因是担心军心不统一，外强趁乱干涉。此时，蔡锷掷地有声地亮出他革命的决心，他认为，云南宜速举，为西南各省倡；纵武汉失败，滇中亦可于半年之内整顿军备，进退裕如。在此数月之中，川黔可以得手，得此三省以与清廷争衡，胜负亦未可决。于白纸上写下"协力同心，恢复汉室。有渝此盟，天人共殛"十六字，火化调于酒中，在场同志共饮此酒，以示革命的决心。

云南革命党人的一系列行动引起北洋派的猜疑。钟麟同和靳云鹏对握有兵权蔡锷非常不放心，他们经常在李经羲面前，说蔡锷实系革命首领，宜早去之以安军心。李经羲回答说："此次武昌起义全系鄂省当局仓皇失措操切过甚所致，吾滇宜镇静处置，使之潜然默化为妥，不可再事操切以坏大事。"李经羲虽然对蔡锷暂时没有产生疑心，但对革命党人却毫不含糊。不仅在总督衙门内外修筑防御工事，并下令捕捉革命党人，第74标的标统罗佩金就被撤换了。他还调集了卫队营、辎重营和两个机关枪连，担任总督衙门的守卫。但是李经羲没想到的是担任守卫的队伍中潜伏着革命的力量。李经羲准备屠杀革命党人的计划被机关枪营营长李凤楼秘密通知了革命党人。此时，革命起义已是箭在弦上。昆明城内外的新军主要有：

第 73 标，驻北校场；

第 74 标及炮队第 19 标，驻巫家坝；

马队第 19 标及工程营驻干海子；

辎重营驻太和街西廊南端；

宪兵队驻龙井街；

37 协司令部和云南讲武堂驻承华圃。

　　10 月 28 日，蔡锷、唐继尧等人聚集在福元堂姚家中药铺后楼唐继尧的住处，共谋大举，当务之急是需要选出一名优秀的领导人，指挥全局，罗佩金、殷承瓛、李根源认为云南的革命自应由云南人领导；而雷飚、刘存厚、唐继尧、李鸿祥、谢汝翼五个管带加上讲武堂监督沈汪度则一致拥戴蔡锷。最终支持蔡锷的一派意见占了上风，于是公推蔡锷为起义总指挥。蔡锷当选可谓是实至名归，因为他是"陆士"三期毕业，资格最老，又是协统，军阶最高，而且论才干、眼光、谋略均出众，堪当大任。在蔡锷的组织领导下，会议决定 30 日重九夜三鼓，以夜间演习为名，举行武装起义，攻占督署，夺取全城。确定起义时间和地点后，蔡锷开始部署具体事项：

　　讲武堂学员看守昆明城的北门和小西门，到时开门迎接起义部队入城；第 73 标负责占领大东门至小西门以北地区，主攻目标是军械局和五华山；而大东门至小西门以南地区则由第 74

标占领，重点攻击南城外巡防营、南门城楼及督署、藩署、盐署等各衙门；起义部队的口令是"军"（军械局）、"总"（总督署），军帽上一律附"白袋"作为标记。

重九当天，菊花吐蕊，秋高气爽，昆明呈现出一派独特的春城景色。蔡锷忍辱负重至今日，终于可以一舒革命之畅快，但他清楚地知道自己仍需保持警惕，否则前功尽弃，所以举义前他赶往城南巫家坝第74标本部坐镇指挥，进一步详细落实计划。讲武堂学生在南城公园秘密集会，同盟决死；部队同志们则忙着领取子弹。

这天注定是多事之秋。排长邓泰中忽然向刘存厚报告，昨天领的子弹全是九子弹，而各部队大部分枪支都换成了新式的五子枪，根本没办法用。蔡锷和刘存厚正惊疑，难道是钟麟同搞鬼？集结号突然响起，传令兵说钟统制已经到营外，有要事宣布。众人只有集合出迎。钟麟同扫了一眼众人，说："我已得到确报，今夜有匪作乱攻城，将谋革命，尔等如发觉有妄言革命者来报，本统制见官加一级，赏银二百两！"接着，又召集74标高级将领，加以试探，蔡锷见钟麟同似乎有所察觉，为稳住局势，正色保证自己军队保无此事。又试探说："但天时、人事现已如此，阁下何不劝李督办自行宣布独立？"钟麟同一怔，听出蔡锷话中有因，但还是声色俱厉道："蔡统领切莫乱讲，你我吃皇家爵禄，当报皇恩。要云南独立，非二十三省中那二十二省都已独立；否则，纵有二十一省独立，我都不肯让云南独立的。你可莫乱说独立！"说完，一甩袖子出营，钟麟同知革命终究挡不住，立马赶回省城，筹划负隅顽抗。

待钟麟同走后，刘存厚马上报告蔡锷，认为子弹影响甚大，且钟已有防备，不如延期至明夜举事。蔡锷思索后，点头认可。刘存厚马上进城见讲武堂监督唐继尧，唐表示此事已通报各方面，若临时改期恐机密尽泄。经过二人细致分析，决定还是应该如期举义。刘接着去见机枪营管带李凤楼，李向刘交代了守备警戒计划，并保证机枪营将悉数前往。下午五时，刘存厚才回到巫家坝，他找人撬开军械库检查发现还是有一些五子弹，可数量不多。刘沉思片刻，决定派人去城南巡防营游说，晓以大义，争取站到革命一边，至少保持中立，以减少弹药的消耗。

晚七时，蔡锷召集刘存厚、雷飚、刘云峰、罗佩金、李凤楼、唐继尧等军官开会，做最后的战略部署：

第74标第一营临时管带唐继尧率所部由南门进攻；

第74标第二营管带刘存厚率所部扑灭财神庙之巡防第二、四营后占领南城，援助唐营攻击督署；

第74标第三营管带雷飚率所部随蔡锷为预备队，布置于城内江南会馆附近；

其余之机关枪由李凤楼配布南城外各要隘，以防外部敌军袭击。

会议开到八点半左右，北校场一声枪响惊破夜空，原来排长黄毓英、王秉钧、文鸿逵正领着士兵悄悄抬子弹，被值日的连长唐元良发现，唐上前盘问，双方发生口角。管带李鸿祥听到，连忙把唐拉进自己营房，悄声说今晚要起义。唐一听到"起义"吓得脸色发白、腿脚发抖，因为他是靳云鹏的亲戚，生怕起义军革了他的命。李鸿祥正努力争取他，岂料，外面又响起了枪声，起义兵击毙了阻止他们开箱取武器的北洋队官安焕章。李鸿祥马上出去调停，谁知几个士兵看到唐元良，竟一枪也把唐撂倒了，而另一个赶来的副营长薛树仁也中弹毙命。就这样，士兵们打响了重九起义的第一枪。

形势逼迫，不得不提前起义。李鸿祥马上下令集合部队，这时第一营管带成维铮、第二营管带齐世杰两名北洋军官已经逃跑，李鸿祥指定马为麟和刘祖武代管两营，三营官兵紧急集合后便攻向北城门。起义部队的革命激情高涨，在今夜终于释放，他们一路推进，击溃了丁锦的卫队，剪断了大东门电报电话局的电线，又消灭了北门守兵，冲进城内。此时还不到晚上 10 点，李鸿祥一边派人快马前往巫家坝通信，催促第 74 标和炮标行动；一边领兵攻打军械局。

接到探报的蔡锷见形势大变，知道是第 73 标提前举义，当机立断，迅速集合第 74 标，发表宣言说：

钟统制疑本协及炮标目兵将作乱，今日已有命令到协，饬我限今夜将枪、炮机柄收缴后，再行严加惩办。我辈军人无辜受累。……专制数百年，纪纲不振，政以贿成，四万万同胞如坐涂炭。现在武昌首义，四处响应，皆欲扫除专制，复我民权，我辈军人何莫非国民一分子？与其被疑缴械，徒手待戮，何如持此利器同起义军，革命清廷，驱逐汉奸，复我山河，兴我汉室！

此番宣言至情至理，晓以大义，听完之后，所有人的革命斗志更为高昂，都举手三呼："革命军万岁！"刘存厚等人公推蔡锷为临时革命军总司令。人在过于激动的时候容易丧失理智，当时有愤慨过度的士兵抓来两个军官，竟欲杀之祭旗，其他人也随声附和，蔡锷十分警觉，知道越是这个时候越不能把矛盾扩大化，他马上制止，强调今日此举只是为推翻腐朽专制的清政府，不针对和杀戮个人。刘存厚也意识到这个问题，再次强调说："吾辈同志不独不分省界，即旧官佐亦当保护，俟大局定后同享幸福。"同时，蔡锷叮嘱进攻督署的部队，要留心保护好李经羲和他的家眷。随后，指示作战方略，其部署是：以第 74 标第 1 营和炮队第 1 营为一纵队，往攻督署；以第 74 标第 1 营、炮队第 2 营为另一纵队，攻占五华山，占领军械局；三炮第三营攻占东、南两门。部署完毕，各队伍回营，分发子弹，每枪三十发，每炮发给炮弹十发，然后严阵以待。

午夜 12 点半，蔡锷亲自率领步炮两标从巫家坝出发，直取昆明城。队伍行军至大东门时，与增援钟麟同的马标队伍遭遇，双方士兵皆蓄势待发，大有白刃巷战之势。蔡锷不想在城外损耗太多兵力，急中生智，上前与标统田书年等军官握手，并嘱咐其加强防御，田书年等人皆被震住，加上这时候刘存厚让机关枪队上前虎视眈眈，自己的兵力也不占优势，既然蔡锷不打，那大家都装糊涂，于是田书年带领队伍撤退，蔡锷等人顺利进城。

重九深夜，淡月朦胧，道绝行人，只见蔡锷军队步伍整肃，自小东门直抵南门，准备占领南门援助唐营攻击督署。部队沿城墙附近街巷向南门隐秘前行，为防城上有埋伏，派邓泰中率队为左侧卫，沿城墙上经大东门城楼向南门前进，左右包抄南门。此时宪兵官长谢汝弼带领着一排的士兵守卫城门，先到南门的起义军开枪示意，谢汝弼见状，知难以抵抗，表示愿意投诚，宪兵队也都缴械投降。另一边第73标的攻击重点是军械局，这是一场硬仗！军械局围墙又厚又高，加上一扇牢不可破的大铁门，四角架起的格林炮，虽然只有200名守军，但凭借充足的弹药和坚实的屏障负隅顽抗。

李根源瞧形势不利，想起守将袁应甫也是讲武堂的学生，便想凭借当年的交情劝其投降，他下令暂停进攻，和李鸿祥走到大门口，大呼守将袁应甫，想不到得到的不是袁应甫的回应，而是一枚炮弹，幸亏李鸿祥反应敏捷，否则直接当炮灰了。"温情"牌行不通，只有拼火力了，激烈的战斗就此拉开。起义军先是用火攻，把从附近居民家要来的破布和烂被褥，裹成一堆浇上火油，扔到大铁门下，大门终于耐不住熊熊烈火，轰然倒下。

守军慌乱，急忙堆集木柴燃烧，形成一堵火墙，又把格林炮架在更有利的位置，使起义军前进不得。就在战斗僵持时，谢汝翼率炮兵增援。但炮兵装备沉重，前行艰难，心急如焚的谢汝翼与韩建铎商量后，当机立断，命令炮队第二营由小东门直向五华山前进；炮标三营一队，由督队官带炮两门，掩护兵27名，占领白泥坡，并要求该部坚决反击73标脱队逃逸的成维铮部。白泥坡地形重要，倘使革命军战斗不利，此位置还可以牵制城内守军，随时配合反击，因此必须固守到底。第三营调四门炮，布到大小东门之间互为犄角之位置，射击五华山。最后，炮队第一营由小西门而入，占领关帝庙后迅速布炮炮击总督署。

谢汝翼的增援部队赶到，李鸿祥甚是激动，两人来不及叙旧，马上投入战斗，谢汝翼见士兵被守军的火力压制得根本无法靠前，情急之下，挑选几个灵活敏捷的士兵，把炮卸下，沿着昆明县署附近的街巷，把炮身炮架抬到虹溪试馆后面的高地上。那里距离军械局仅仅50步左右，虽然他们已经隐蔽在敌人的射击死角，但也是相当危险。奈何军械局的墙壁太坚实，革命军连放了两发开花弹，只崩开了四五块砖。李谢两人失望之余，又想了个另外的办法，让炮兵用十字镐沿墙挖洞，很快，就在围墙上凿了一个小洞，眼见士兵就要把洞挖穿，却被钟麟同发现，顿时数枪对准挖洞士兵疯狂射击，士兵们只能放弃退回。

弹药用尽，正当李鸿祥和谢汝翼着急之时，李根源和几个学生推着几只大桶来了，李根源说，这是先前占领机器局的时候发现的黑火药，也许可以用来炸围墙。士兵们看到了希望，没有导火索，就从老百姓家里找来了一些鞭炮，把炸药堆放在洞口处，以鞭炮做导线引爆。连炸了三桶，围墙很快被炸出一个三五尺见方的洞口。谢汝翼和士兵们士气大作，径直冲进去，局内守军看见军械局固守失败，纷纷溃逃。起义军前门和后门的合力进攻，终于拿下了军械局。此时天已大亮。军械局的失守，严重威胁了在五华山的钟麟同，实在难以抵御炮标的猛轰，钟麟同刚上马准备逃走，就被打下马，眼见义军冲杀进来了，钟麟同想用手枪自杀，却没成功，被抬到了南门城楼上，在众人的愤恨中被处决。

9点左右，总督署仍未攻下，刘存厚和唐继尧看到对方层层布防且居高临下，自己这边经历一夜奋战，别说士兵们已经疲惫至极，弹药也将用尽，眼下唯一的办法就是领兵从两个方向分进合击。此时，占领军械局的消息传来，顿时军心大振！及时补充的弹药使战争迅速扭转局面，督署守军在突如其来的猛攻面前顿感不支，纷纷缴械投降。当刘存厚冲进督署时，李经羲和他家人已不知去向。经过一昼夜的激战，昆明光复，云南独立。蔡锷见大局已定，命令各军不得妄杀一人，不得妄取民间一物，并下令保护居民，防缉宵小。

这一天，是崭新的一天，蔡锷与李根源从前线下来，巡视全城，旭日东升，映在翠湖，波光粼粼，蔡锷即捧起湖水一通灌，再泼水洗脸洗头，沁凉的湖水一扫他的疲惫，精神为之一爽。

辛亥革命后孙中山归国途中

革命只是开始，更大的挑战还在等着这位不满三十岁的年轻将领。

七、千载功名尘与土

　　云南宣告独立后，成立大汉军政府云南都督府，府邸设于五华山两级师范学堂，蔡锷自然被军政商学各界推举为都督，翻天覆地的变化似乎在一夜之间尘埃落定。在蔡锷的指挥督导下，战争之后的云南并没有像许多省那样为争夺领导权进行激烈的斗争，也没有发生抢夺银行与军民暴乱的情况，甚至有老百姓一觉醒来，还以为是军事演习。可谓是"鸡犬不惊而风云变色"。然而，夺国容易，守国难。年轻的都督该如何整顿改天换日的新云南？

　　子曰："必也正名乎！"蔡锷大都督一上台，即厘定军都督府大纲，约一院三部，院名曰参议院，直隶军督署，为参议军事政治机关。三部即参谋部、军务部、军政部。并下令宣告各署：

　　此次各省义军，风发云涌，恢复旧土，保卫民生，其宗旨在铲除专制政体，建造善良国家，使汉、回、满、蒙、藏、夷、苗各族结合一体，维持共和，以期巩固民权，恢张国力。本都督……特恐全省同胞未能周悉，爰特声明宗旨，明白宣布，其各咸喻斯意，毋生误会，本都督有厚望焉。今将纲要列举如左：一、定国名曰：中华国；二、定国体为民主共和国体；三、定本军都督府印曰：大中华国云南军都督府之印；四、军都督府内设参议院、参谋部、军务部、军政部；五、定国旗为赤旗，心用白色中字；六、建设主义以联合中国各民族构造统一之国家，改良政治，发达民权，汉、回、蒙、满、藏、夷、苗各族视同一体。七、建设次第，由军政时代进于约法时代，递进而为民主宪政时代。以上七条，系本军都督现定大纲，将来全国统一政府成立，须照政府统一之命令办理。

同时发布檄文，重申同盟会十六字纲领："驱除鞑虏，恢复中华，建立民国，平均地权。"这在独立各省的宣言或檄文中很罕见的。此外，还发布了《严禁将士肆入民宅搜索骚扰告示》，提出了严格的纪律要求。

革命需要热情，但革命之后若不能及时控制，革命必将迷失方向，最终将失去其"正义性"和"正当性"。作为一位优秀的领导者，必须既能激发，又能节制。蔡锷在这一点上做得相当到位。就在军督府成立的那天，士兵们在如意巷一个巡捕家里找到了李经羲，蔡锷请他重掌大权，劝令各地归化。这样的礼让在李经羲等人看来只是一种姿态，他们寻思，蔡锷不诛锄异己已属难得，如何还敢接受其未必真心的"让位"？李经羲自然是没有答应，而是求将自己放归安徽故里。蔡锷便派人护送李一家离开云南。对于李经羲，蔡锷并没有私仇，毕竟李一直器重、欣赏和信任他，在个人情感上，这样做有情有义；从大局出发，保护和善待李经羲有助于团结和感化旧官僚，巩固革命的成功。

军政府的危险在于借"非常时期"滥用权力，逐渐发展为独裁政府。新成立的云南新政府并非全民归心，仍有大大小小的"叛乱"与"兵变"，治理一个省并不是发几篇宣言和制出几个规划那么简单。对于新国家、新制度尚且懵懵懂懂的群众，除了强制执行一些措施，蔡锷也着力于宣传教育，争取他们的拥护。然而新政府成立，总有不服气者，即使蔡锷作为起义总指挥出任都督，可谓名正言顺，但反对的声音仍未断绝，不过这些声音还只是次要问题，毕竟蔡锷的个人才能和魅力没有第二人可以相比，最大的威胁来自政府财政收入枯竭，云南本不富裕，依赖邻省补足，现各省独立后，自然不再救济了。财政的枯竭导致人心不稳，守旧势力意图乘机复辟，部分捣乱分子也想趁火打劫。在南部，蒙自道台龚心湛煽动第75标一部分士兵抗拒军政府命令，扬言"收复昆明"。而驻蒙自的第75标排长李振标等人乘乱率兵，以"猛勇"为口号，抢劫殷富商号、洋行、海关，杀洋人。对此，英国驻云南省总领事额必廉有详述，他在给外交大臣格雷的报告中写道：

（12 月）3 日晚上 8 时，蒙自驻军闹事，洗劫了蒙自城，他们仅在该地财库一处就获得了大约 20 万银两，并且把注意力集中在城外外国人居住区内的几幢房屋……由于从云南府派遣约 500 名可靠的士兵前往该处，以及经过很大的困难之后撤走了以前那些哗变的驻军，所以该口岸已恢复平静。这些哗变的士兵最初公开拒绝服从命令，但枪毙他们的两名军官之后，他们闷闷不乐地屈服了……

蔡锷深刻明白，武装队伍只能用来扫除叛乱，绝不能成为社会动乱的根源，于是蔡锷谨慎地处理着这些动乱，才能保证当时社会的安定。

建设一个省远不止是制伏一些"不安分"的军事人员和顽固派，更重要的是在政治要有所作为。蔡锷首先从制定正确的政策、提高都督府工作效率入手。他认为一切政务必须关照全局，注意轻重缓急。据此，通令各机关，就所管事务制定了五年计划，让秘书处汇编整理出滇省五年政治大纲，等于给各部门定出行动时间表，由主管长官监督按期完成，以避免始勤终懈的现象发生。蔡锷还规定每周三在军府举行政务会议，都督府各部、省议会、参议处都要有代表参加，讨论本省建设事宜，以听取各方面的意见，兼听则明。这样有力的措施，让前清官吏遗留的敷衍拖拉的办事作风大大得到改善。

提高政府机构办事效率的同时，要建立高效廉洁的政府。清末云南财政支出大概需要六百万两，而收入却只有三百万两，严重入不敷出。蔡锷便组织相关人员制定财政计划，实行"减政主义"和"开源节流"并行的方针。在官员薪俸上，蔡锷带头减薪，都督月薪从原来的 600 两降到 120 两，副都督从 400 两降到 80 两，其他依次递减，级别越高，减幅越大。不到半年时间，蔡锷又进行了第二次减薪，自己的薪俸减半成 60 两，竟与营长持平。都督府用餐，每顿竟不超过二角，这在各省官吏中实为罕见。后来任民政长的罗佩金实在看不下去，过年时由财政厅赠送千元，蔡锷立马如数退还。罗佩金只好登门解释，都督领袖全省，责任重大，全滇人民不忍太苦，这是全民的一片心意。蔡锷拗不过只好收下，但表示下不为例。

除此之外，蔡锷还作出一些相关规定，例如不得请客送礼，非星期日不得宴客；还有不得侵吞缺额饷银，不得挪用教育经费。有一次警察厅长非周日宴客，还给都督发了请帖，蔡锷接到帖子，二话不说，批了八个字：违背功令，罚薪半月。蔡锷是有资格这样严格要求下属的，因为他自己就是榜样。据其长子蔡端晚年回忆，他听与蔡锷共过事的前辈讲过，蔡公办公桌上铺有一块绿呢台布，用了一段时间之后，他写字的那个位置被烟灰烧了几个洞，有人要换一块新的，蔡公不许，竟然把台布转了半个圈，有洞的地方转到对面去，接着用。

蔡锷严格要求自己，对官员的专业素质同样要求很高。都督府军政部学政司制定了文官考试规则：分预备考试和正场考试，报考者先预备考，合格后方可参加正场考。高等文官预备考试的科目有国文、外国语文、外国历史地理、中国历史地理、文牍；正场考试的科目有宪法、刑法、民法、行政法、经济学、财政学、民事诉讼法、刑事诉讼法，另在商法、国际公法、国际私法三中选一。

蔡锷非常重视教育事业，为加强师范教育，在田靖、昭通、蒙自、普洱、丽江等地，分设初级师范，同时为普及小学教育，新设学堂一百二十所；蔡锷还提议进行军国民教育的试验，即师范毕业生加习三个月军事教育，各小学加练兵式体操。裁撤绿营，节省下来的资金加上个旧锡务公司原有利润，向欧美日派出留学生一百多名。

在发展实业和交通方面，蔡锷着重整顿盐务和矿业。为加强科学研究工作，省城还设立了矿物化验所和地质调查研究所。与此同时，重视农林，制定垦荒牧副森林章程，推广和改良种棉制茶办法。此外，对全省工艺出品及商业状况进行调研，建立模范工厂，官商集资六十万元，组建东川矿业公司；对电讯、邮政公路和航运重新进行了规划，电请中央提还滇蜀铁路股份，修筑蒙自到个旧的铁路。

除了政治、经济、教育方面的工作，蔡锷非常重视移风易俗，进行了一系列社会改造和建设。比如：创立天足会，禁止妇女缠足；改变商铺十一点才营业，一般家庭九、十点钟才起床的习惯；严禁吸食鸦片，违者罚款或拘留，贩运者处以徒刑；封闭城隍庙，禁止烧香拜佛等迷信活动；废除跪拜礼，代之以鞠躬；取消冬帽、长袍等服装，换成便于劳作的毡帽和短装；修建公共厕所，填平街道旁边的便槽，禁止随地便溺；没收赌具，禁止赌博；将巡警局改为警察厅，在各街道设派出所，处理群众纠纷和危害公益的事件。此外，还兴建了新的戏院剧场，演出内容从过去的封建迷信、男欢女爱改为以政治教育和社会教育为主，提倡新风尚，使"自由平等"、"文明世界"、"改良开通"的理念深入人心。

不得不说，蔡锷是有"野心"的，他的"野心"不只是做一个成功的破坏者，更要做一个成功的建设者，建设一个勤俭节约、公私分明、务实高效、团结向前的新政府。

八、援邻是非起风波

云南独立后，全国各省纷纷起义独立，四川亦然。1911 年 11 月下旬，重庆宣布独立，成立蜀军军政府。接着川北广安、川东万县、川南泸州也陆续宣布独立，一时军府林立，政令不一。这些革命军中混入了哥老会的势力，良莠不齐，有的人甚至趁革命之机行匪盗龌龊之事，社会越"革命"越动荡。而清廷在川势力依然强大，四川总督赵尔丰仍占据成都，川汉铁路大臣端方陈兵川东，兼有钦差大臣傅华嵩、统领凤山、驻藏大臣联豫等人领兵策应，双方对垒，形势危险。重庆军政府都督张培爵、夏之时向蔡锷请兵援助。

此时的云南正处于财源枯竭的窘境，出师援川需要大笔经费，但如果四川未能独立，起义军被清军扑灭，湖北义军将腹背受敌，云南唇亡齿寒，考虑到四川的战略地位，蔡锷决定出兵。韩建铎担任援川总司令，刘存厚为参谋长，辖两个梯团：第一梯团出昭通向宜宾进发，第二梯团由威宁、毕节向泸州进发。

出发前，蔡锷给部队制定了严格的训条：守纪律、爱百姓、戒贪幸、勤操演、敦友爱、讲卫生。还有行军纪律 11 条，行军注意事项 8 条，驻军纪律 7 条，驻军注意事项 10 条，战斗纪律 8 条，战斗注意事项 7 条。

外援入川，给在川革命军一剂振奋药，在援川后不久，端方在资阳伏诛，入川清军倒戈；成都也发生起义，赵尔丰被杀，随之成立大汉军政府，四川咨议局议长蒲殿俊出任都督。在滇军入川的同时，蔡锷等人为声援武昌，乃决定组织北伐军，以唐继尧为司令。1912 年 3 月，宣统皇帝宣布退位，此时北伐已无必要，北伐行动旋即停止。此时，应该返滇的唐继尧却率部入黔，卷入贵州内争。

原来辛亥革命的烽火烧到贵州时，此处党争正烈。最后以新军教练官杨荩诚、队官赵德全等人率部"未杀一人"而光复贵阳，宣布独立，并成立了大汉军政府。另一宪政派则被边缘化。然而贵阳起义军得到哥老会的帮助很大，革命成功后，哥老会在军政府的扶植下发展迅速，于是贵阳几乎成了帮会的天下，城内一片帮派争斗的不安分气象。12 月，都督杨荩诚无法兑现起义时许下的赏银诺言，省城又是混乱不堪，杨索性带兵援鄂。这给了宪政派党人机会，他们派戴戡、周立前来云南游说蔡锷，希望蔡锷能出兵赴黔平乱。蔡锷当时只想借道泸州，会合援川滇军，再直取中原。然而，戴周二人日夜进言，苦劝哀求，蔡锷再三犹豫，拿不定主意。李根源坚决反对出兵，指出"当此国基未定，武汉战急，只能维持现状，出以调和矫正，不宜走入极端"，但李根源去迤西后，贵州宪政又反复劝说，不应坐视。蔡锷与罗佩金等人商议后，决定派唐继尧率兵取道黔省北伐。然而，出兵不久，蔡锷便接到由贵州自治学社社长钟山五上书，书中力陈出兵将会造成滇黔交恶的后果。蔡锷想想也觉得师出无名，立刻急电刚入黔境的唐继尧，让其取道四川北伐。此时贵阳突发"二·二政变"，自治学社首领一死一逃，局面更加混乱。接到蔡锷命令的唐继尧并没有立即行动，立宪党人在一旁鼓动，并以事成后给都督一职为诱饵，于是唐直驱入黔，并致电蔡锷称北伐军已深入黔，难以改道，大有一副"将在外，军令有所不受"的气势。蔡锷意识到形势突变，立即电告各地民军，希望只分拨部分军队入黔，然而，唐继尧在蔡锷发电前一天便命改道的部队调头东进，不是"分拨"，而是全部。

占领了贵阳的唐继尧以血腥手段，残杀了赵德全等大批革命党人和士兵，还派人谋害了钟山五，对投降的会党分子残酷镇压。宪政会和耆老会控制的贵州省议会推举他为临时都督。民国以来以武力夺取邻省的先例就这样由唐继尧开启，蔡锷虽无直接责任，却不能推卸其对唐继尧的支持所应承担的间接责任。

九、调虎离山入京记

    辛亥革命后，众多"独立"的省份被投机的政客和"见风使舵"的军阀所把持，这些人借主张联邦制之名，行割据一方之实。蔡锷已看透此情状，多次致电各省明确表态反对联邦制，主张建立强有力的统一的中央政府。对于袁世凯，蔡锷素无好印象，其根源可追溯到戊戌变法，正是由于袁的无耻出卖，才使得谭嗣同等人惨死。1912 年初，南北议和之时，蔡锷致电孙中山及独立各省都督，云：

    我军乘此朝愤，何敌不破？乃甘受袁氏之愚，一再停战，旷日持久，糜饷劳师而不问。其于停战期内西侵秦、晋，南攻颍、亳，朱家宝又进兵寿州，我再株守议和，大局必为所触动也。伏乞大总统赫然震怒，长驱北伐，直捣虏廷。

    蔡锷极力主张北伐，并组织了云南北伐军，发布了《北伐誓师词》。2月12日，等到段祺瑞领衔的北洋军将领敦促清帝退位的通电发表后，蔡锷还致电黎元洪，表示要提高警惕：

段祺瑞率军北上，促进共和，大局可望早定，甚为欣慰。惟闻段夙无种族思想，而与袁世凯关系甚深。此次忽然通款，自当推诚相与。然究竟有无别谋，亦宜密为筹备，免堕奸计，而误事机。

令人不解的是，当清帝退位，南北议和成功后，蔡锷对袁世凯的态度发生了变化，甚至支持建都北京。有人认为将此作为蔡锷拥袁的有力佐证。实际情况是，孙中山提出建都南京时就遭到临时参议院的反对。据当时《民主报》报道：

十四日参议院会议临时政府地点，先后发言者俱主张北京，间有主南京者，争辩多时，遂用记名投票法表决之。开票时，计得二十八票，二十票主北京，五票主南京，两票主武昌，一票主天津，议乃决。

后在孙中山的努力争取下，15日选举会议时，原主北京的十四票倒戈，最终主南京派以十九票获胜。

蔡锷主张建都北京，和当时的主流意见一致，何来偏袒一说？其实，只要袁世凯拥护共和，他就坚定站在袁一边，极力

袁世凯

支持建立一个强有力的中央政府。与其说是支持袁世凯，倒不如说是支持"共和"。

宋教仁遇刺后，袁世凯与孙中山的斗争公开化，二次革命的失败更是助长了袁世凯的气焰，他以武力优势把整个民国变成了自己的囊中之物，几乎只剩下远在边陲的云、贵等省，特别是云南，兵精械足，加之得到蔡锷曾援助国民党参与二次革命的消息，对蔡锷更是"一日不除，坐立难安"，袁世凯对曹汝霖曾说："蔡松坡这个人有才干，但有阴谋"。

蔡锷志向远大，云南在他的治理下虽呈现出欣欣向荣的景象，但毕竟地处偏远，财源匮乏，难以施展抱负，且二次讨袁后，蔡锷知道袁世凯对自己猜忌已深，且云南的军阀主义已有所抬头，一些高级将领根本不服蔡锷，所以决定离滇。他先派沈汪度赴京筹划，并写了几封信给梁启超。当时熊希龄正被袁世凯挑出来准备组阁，熊希龄乡土观念很重，谭延闿被撤职，便想让蔡锷督湘，以防北洋军染指湖南。袁世凯本来就想使调虎离山之计支走蔡锷，熊希龄的电报一到，袁世凯立马答应蔡锷北京一行。1913 年 8 月 12 日，蔡锷在好友的苦心劝告中、云南各界的挽留声中，离滇北上赴京。

袁世凯实是老谋深算，调来蔡锷，解除了心头之患，让熊希龄当"第一流人才内阁"总理，而原本默许的湘督一职却派给了袁世凯亲信汤芗铭。蔡锷赴京途中听到此消息，实为震惊，随后震怒，大呼上当。但云南已回不得，只能硬头皮北上。到

唐绍仪

达北京车站时，狡猾的袁世凯当什么事情也没有发生，还派代表到车站迎接，以万金作为寿礼，蔡锷面对这满脸堆笑的袁氏爪牙，更是气愤，当场拒绝。随后袁世凯的亲信，陆军部次长陈宦登门拜访，苦口婆心让蔡锷收下寿礼，并晓以利害，蔡锷考虑再三，为不引起袁世凯更深的怀疑，勉强收下。

蔡锷在京两年，袁世凯对其优礼有加，先后给了他一连串的头衔，如政治会议委员、参政员参政、将军府将军、陆海军统率处办事员、全国经界局督办等。袁世凯几乎每天召见蔡锷，名为磋商要政，实质是言谈间的火力侦察。蔡锷对此心知肚明，也深恐招袁之忌，于是此时的他似乎回到了在广西时的状态，不发表任何政见，谨慎处事，沉稳应对。袁世凯是一个既阴险凶恶，又老谋深算的人，蔡锷深知袁氏对他的"信任"有部分是想利用他巩固独裁统治，毕竟北洋派将领年纪已大，功高震主。袁曾对总统府内史、心腹策士夏寿田说："小站旧人现在暮气沉沉。我对南方人没有成见，如果南方人不反对我，我未尝不可以重用他们。如果蔡松坡靠得住，你就做他的次长吧。"袁氏建立一个训练新军的机构，以夏寿田充任蔡锷的助手。而后袁世凯又准备采取以下步骤：经过一个过渡阶段，便派蔡锷为参谋总长以替代从不到部的黎元洪，然后调任为陆军总长以替代不听调度的段祺瑞。

1914年5月，袁世凯感到陆军总长段祺瑞刚愎自用，大有割据一方的势头，便将总统府军事处改为陆海军大元帅统率办事处，作为核心机关，办事处的人选皆经过袁世凯慎重严密的考量，基本上是他指定的高级将领，而非北洋军人能够进入此最高军事机构的仅有蔡锷一人。十月，袁世凯又在北海设立模范团，计划训练二十个旅的军官，建立十个模范师以取代北洋军，蔡锷则被列为该团教官。可见，袁世凯拉拢人心的手段非同一般，拉拢蔡锷的意图也相当明显。

蔡锷虽然知道袁世凯的把戏，但怀着为国尽力的善良愿望，他还是兢兢业业地做了很多有益工作。蔡锷刚到北京，就把在南宁起草的西南计划交蒋百里润色，当时人称为"大计划"，共七章三万余言。主要内容为主张改革军事与改革政治并重；实行义务兵役制，并以战略性的目光，把日本列为中国未来的假想敌。他还与蒋方震、张绍曾、尹昌衡等十二人成立军事研究会，时常讨论各类军事问题，甚至邀请外国军事家来华，作学术报告，以提高军事学术。1915年初，蔡锷被任命为全国经界局督办，为了梳理出中国经界源流并对比中外经济状况，蔡锷决定编辑《中国历代经界纪要》和《各国经界纪要》等书，为取得更详实的资料，蔡锷派人分赴印度、日本、朝鲜，分译东西图籍，同时对贞观年间授田之法、明洪武年间鱼鳞册等资料记载的田制，逐类分析加以研究，以便将土地问题弄清楚，作为解决一切社会问题的基础。成书后蔡锷组织曾继悟、周钟岳等各部有关人员，逐条审查，然后亲自作序，可见其严谨认真的科学态度。这是我国较早系统地对中外经济状况进行对比分析研究的著作之一。

就在蔡锷勾勒国家未来蓝图的时候，袁世凯的"复辟"之心渐渐显现出来。袁世凯的儿子袁克定从德国养病回来后，就向他陈述了德皇威廉二世认为中国不适于共和制的说法。又有驻英日两国大使来密电表示愿与中国结盟，但考虑君主与共和国体不同，恐难以长久。而在此之前，京城复辟之说甚嚣尘上，清室遗老劳乃宣甚至发表了《正续共和论》，宋育仁联合国史馆守旧派人员上书请复辟。然而，袁世凯虽有颠覆共和之意，但绝非让清室东山再起，而是建立袁氏王朝。随后，袁世凯就借机将劳乃宣、宋育仁发配出京。袁世凯想当皇帝，一方面是他本性贪婪、野心膨胀所致，另一方面许多军阀政客想当开国功臣，家里人想做皇亲国戚，一起推着袁世凯去开历史的倒车。等到镇压了国内唯一劲敌国民党人发动的二次革命，又获得列强特别是日本支持复辟的信息，袁世凯才加快由专制到帝制的步伐。

首先从选举总统下手，袁世凯无视梁启超提议的、进步党一致通过的"先定宪法，后选总统"的主张，于十月六日先行选总统，并出动几千军警和雇佣的流氓、帮会组成的所谓"公民团"，包围参众两院，逼迫饥肠辘辘的议员们选举自己为正式大总统，手段之卑劣可见一斑。十一月，袁世凯又下令解散国民党，开消灭国会之先声；1914 年初宣布停止两院议员职务，国会解体。又通过不光彩的手段使"第一流人才内阁"流产；

袁世凯 "祭天" 闹剧

紧接着，五月公布"袁记约法"，使总统权力迅速膨胀，揽尽司法权、立法权，还通过修改《总统选举法》，成为终身独裁元首。甚至文官设卿、大夫、士三级，发布祀孔令，冬至祭天。一场滑稽可笑的帝制复辟闹剧如火如荼，至此共和制形式上已趋于消亡。

第一次世界大战爆发后，各帝国主义国家在中国展开白热化外交战。日本更是趁火打劫，要求德国将胶州湾租借地"还"给日本，以便将来"交还中国"。蔡锷还抱着一丝幻想，几次面见袁世凯，主张向德国要回胶州湾，但袁世凯却认为那将开罪德国，不予理睬；而当德国代办已向袁政府表示德国愿将胶州湾租借地无条件地交还中国，袁世凯竟不敢直接接受，却让美国代转，美国置之不理。蔡锷此时还想做最后的补救，力主派兵加入青岛作战，再一次被袁世凯拒绝。结果让日本有了可乘之机，占领青岛及胶济线所有矿山，残酷地屠杀中国人民。蔡锷终于认识到这个对内独裁专制、对外无耻卖国的袁世凯一日不除，中国将永无安宁。

1915年5月25日，袁世凯与日本正式签订了卖国的"二十一条"。一石激起千层浪，全国人民强烈声讨袁世凯这种卖国求荣的行为。中国各阶层人民掀起声势浩荡的抗日救亡运动，上海学生发起的抵制日货和救国储金运动，得到全国响应，许多爱国华侨也踊跃捐款，或要求回国参军。入京以来一直沉稳谨慎的蔡锷再也无法忍耐了，他在参议院慷慨陈词，滔滔不绝地演说了一个多小时，随后持起草的对日作战计划面见袁世凯，说：

以今日人心而论，未尝不可一用，同一亡国，与其顺从而亡，不如力战而亡，尚可在千秋史乘留下未甘屈服的美名。某在云南练兵数万，固备国家有事之用，公果决大计，正可调供一战。国中一切猜忌，正可借同仇敌忾，尽使消弭。

袁世凯毫不为其所动，反而对其在云南拥兵数万耿耿于怀。其亲信乘机吹耳边风："松坡竟存不轨，惟其人深鸷，善能掩饰，故不易为人所觉，闻彼近与黄兴、孙文辈时通声气。公不可不预为之防也。"袁世凯自此对蔡锷更加警惕。

袁世凯的"复辟"闹剧愈演愈烈，杨度等人在石驸马大街挂出筹安会的招牌，还发表了筹安会宣言，公开鼓吹复辟帝制。

青岛战役中的外国士兵

茅壹端
日本國政府及支那國政府ハ偏ニ
極東ニ於ケル全局ノ平和ヲ維持シ
且西兩國ノ間ニ存スル善隣ノ關係
ヲ益々鞏固ナラシメンコトヲ希望シ茲
ニ左ノ條欵ヲ締約セリ

茅一條支那國政府ハ獨逸國カ山
東省ニ關シ條約其他ニ依リ支那
國ニ對シテ有スル一切ノ權利利益
讓與等ノ處分ニ付日本國政府力

獨逸國政府ト協定スヘキ一切ノ事
項ヲ承認スヘキコトヲ約ス
茅二條支那國政府ハ山東省内若ク
ハ其沿海一帯ノ地又ハ島嶼ヲ何等
ノ名義ヲ以テスルニ拘ハラス他國ニ讓
與シ又ハ貸與セサルヘキコトヲ約ス
茅三條支那國政府ハ芝罘又ハ龍
口ト膠州灣ヨリ濟南ニ至ル鐵道ト
ヲ聯絡スヘキ鐵道ノ敷設ヲ日本
國ニ允許ス

"二十一条"草案

十、万里间关马伏波

　　面对袁世凯的倒行逆施，蔡锷失望至极、愤慨难耐，终于决定要倒袁！就在筹安会发表宣言的次日，蔡锷连夜搭车赶赴天津，在汤觉顿寓所与老师梁启超密商反袁事项。梁启超自流亡结束返国，希望能在政治上有所作为，以遂平生之志。为此，一开始对袁世凯还抱有幻想，但袁世凯如此这般专制独裁，使其理想渐成泡影。梁启超毅然辞去熊希龄内阁的司法总长，返乡之时，还抱有一丝希望，劝袁世凯"悬崖勒马，急流勇退"，并表示"启超诚愿我大总统以一身开中国将来新英雄之纪元，不愿以一身作中国过去旧奸雄之结局"。然而，野心极度膨胀的袁世凯哪能听得进去，反而心生恼恨。当梁启超回到广东新会为父亲祝寿时，袁世凯竟然派人刺杀，这使梁启超心灰意冷，更深刻认识到袁世凯的阴险毒辣，反袁思想那时已经萌发，这也影响了蔡锷。两人在寓所交谈至翌日凌晨。蔡锷对梁启超说："眼看着不久便是盈千累万的人都要颂王莽功德，上劝进表，老袁便安然登了大殿，叫世界各国看着中国人是什么东西？国内怀着义愤的人，虽然很多，但没有凭借，或者地位不宜，也难发手。我们明知力量有限，未必抗得他过。但为四万万人争人格起见，非拼着命去干这一回不可。"梁启超认为他的责任在言论，必须立刻作文，可以堂堂正正反对袁。而蔡锷则是军界有力之人，应该韬光养晦，勿为袁世凯所忌。于是，师徒二人制定了一文一武两步走的方案，梁启超先发表文章，夺舆论之先声，蔡锷则伺机潜回云南，发动起义。最终他们共同制定了一个起义计划："云南于袁氏下令称帝后即独立，贵州则越两月后响应，然后以云、贵之力下四川，以广西之力下广东，约三四个月后可以会师湖北，底定中原。"

起义计划笃定，蔡锷立即密电西南各省军政人员，互通声气，向他们揭露北京帝制活动和袁世凯的阴谋；又密派何鹏翔、黄实赴滇接洽，同时派彭权、何上林赴广西运动，派王伯群回滇、黔做起义部署；四川方面则致函四川泸州的川军旅长雷飙，提醒其注意团结反袁志士，以备所用。国外则派人到日本、南洋一带，邀约李烈钧、熊克武、程潜、方声涛等回滇任职。

按计划，梁启超写下《异哉所谓国体问题者》一文，夺舆论之先声。袁世凯闻讯即派人以二十万元高价收买，被梁严词拒绝，而来人居然公开威胁说："君亡命已十余年，此种境况亦既饱尝，何必更自苦。"梁启超丝毫不惧，回击道："余诚老于亡命之经验家也，余宁乐此，不愿苟活于此浊恶空气中也。"

面对包着子弹的匿名信和遍布四周的暗探，梁启超毅然将洋洋万言的文章发表，一时间京津各大报纸转载，在一片帝制鼓噪声中犹如一记响雷，引起了各阶层的热烈反响。有人认为梁启超《异哉所谓国体问题者》一文，对筹安会和袁世凯称帝的打击，不下于蔡锷领导的护国之役。此评价虽有溢美之嫌，但梁公之文确实力透纸背、挥斥方遒，否则袁世凯也不会慌张到下重金请严复作驳文反梁。严复是被杨度稀里糊涂拉进筹安会来的，此刻他经人提醒发现事态严重，死活不肯属文，连筹安会的活动也一概不参加。后来孙毓筠、刘师培写了几篇，不仅理屈词穷，仅气势就无法与梁文相比。

比起梁启超起而反袁，蔡锷却对拥袁表现得格外积极。在云南会馆滇籍军官的联欢会上，他带头在劝进请愿书上签了字，同时逢人说起梁启超的文章便表示老师是个书呆子，不识时务。帝制派人物让他劝劝梁启超，他一副跟梁启超唱反调的样子，鄙视梁成不了大事，实际上是为了麻痹袁氏党人，为出京做足准备。

蔡锷先以母亲不习惯京城生活为词，派人护送母亲王氏、夫人刘氏及子女返回湖南。不久，袁世凯得到云南第一师参谋长、特务路孝忱的报告，说滇中将校不稳，有反对帝制之意，并与蔡锷有联系。袁立即密令军法处化装成盗匪搜查蔡锷住所。幸亏密码本几周前已带往天津，特务们只拿走了些纸片。随后军法处长雷震春亲自登门道歉，诡言误会，并枪毙搜查者以灭口。

袁世凯仓促的行动已充分暴露了其对蔡锷的猜忌之心，蔡锷深知京城不宜久留，必须想办法逃离此地。但是自筹安会发起后，袁世凯给蔡锷加派了四名"保安"，其实就是在其身边安插了四双眼睛，随时监视蔡锷的行动。为摆脱这些密探，蔡锷便采纳一位友人的建议，放浪于京师八大胡同，麻痹袁世凯，使他调走两个眼线。此时，蔡锷已患喉疾，经日籍医师证明，向袁世凯请假，住入天津日本医师开设的共和医院继续治疗，蔡锷趁机与友人密商离京讨袁之事。

　　先期赴日的殷承瓛等人安排妥当后，蔡锷决定 11 月 18 日动身启程。行前与梁启超相约："事之不济，吾侪死之，决不亡命；若其济也，吾侪引退，决不在朝。"可见，梁启超比起戊戌变法时期更果敢坚决。11 月 19 日，由周钟岳代呈一电致袁世凯，表示身体不好，需静养，乞假三月。袁世凯批复"给假两月"，周钟岳又代蔡锷呈上一电，说："锷病根久伏，殊非旦夕所能就痊。……查日本天气温和，山水清旷，且医治肺胃，设有专科，于养病甚属相宜。兹航海东渡，赴日就医，以期病体早痊，再图报。"袁世凯又批了两个月的假。蔡锷抵达日本门司港后，与前来迎接的石陶钧互换了服装，又让张孝准应付追访的记者。蔡锷则直奔联系好的陆军医院，住进一间谁都不知道的病房。之后又雇小船去横滨，石陶钧则穿着蔡锷的衣服、提着蔡锷的行李去别府和箱根，假装就医疗养，以蒙蔽跟踪者。而且每到一地，就寄一封蔡锷事先写好的亲笔信给袁世凯的亲信唐在礼，报告在日本游历与治疗的情况。

就这样，蔡锷成功走脱，等袁世凯反应过来，一切都晚了。

这应该是袁世凯帝制大戏中一个足以使他垮台的大纰漏。

十一、铁血护国担道义

蔡锷一路出天津、走日本、经香港、过越南，沿着中国的海岸线划出一道长长的弧线，躲过袁世凯的重重拦截和刺杀，终于抵达云南昆明。他向梁启超汇报了当时情形："锷经越入滇，注意颇属周到，不欲以色相示人。乃此秘密消息不瞬息而传遍，盖船埠、车栈、旅馆均有人坐候，遂至无可避匿。抵滇之日，儿童走卒群相告语，欣然色喜。不数日，金融恐慌为之立平，物价亦均趋平静。"可见蔡锷在云南之威望。然而，云南内部的政治局势仍不明朗。

巡按使任可澄，以监视云南自居，财政厅厅长籍亮侪不主张反袁，两师重要高级将领怕丢了官位，多抱观望的态度。唐继尧的父亲唐省三就多次上五华山劝儿子切勿反袁，以免惹来灭门之祸，因此唐继尧也保持沉默。蔡锷根据形势，首先召见中下级军官，他们一致表示拥护反袁。随后蔡锷又多次与唐继尧单独密商，晓以利害，唐继尧深知形势不可逆转，只好表示赞同，并设宴为蔡锷等人接风洗尘。应邀参加的有任可澄及滇军将领罗佩金、张子贞等三十多人。

蔡锷首先讲话，说："我在北京很想念云南及各位同学、同事与一般健儿。自辛亥革命以来，我负云南之责任，得大家协助。援川、援黔、肃清云南内部乱事，都得大家力量。我个人无特殊能力，因得云南各界人士协助，我督滇以来，未发生异状。我离滇，蒉赓调滇。我到北京之初，就知道袁世凯有称帝计划。北京筹安会起，杨度等拥护袁氏，渐渐北京风潮甚高，我内心常愤慨，但无法解救。想尽一切办法，才离北京到天津，搭船到日本，转香港。云南群众很富爱国思想与民权思想。我坚决回到云南，希望大家努力，打倒洪宪。"唐继尧致词说："袁世凯准备登帝位，老前辈由北京脱险，是国家之幸，也是大家之幸。大家同心同德拥护老前辈所指示的打倒袁世凯和救国的一切方针。"随即举杯，请在场人士一同举杯敬蔡锷。

之后，唐继尧又召集少校以上军官开会，由唐继尧主持会议，号召大家共同反袁。一军官站起来说："云南一省，反抗袁的全国力量，譬如以卵击石，请两位将军，多多考虑。"蔡锷发言说："清朝几百年的帝制，我们云南才一旅人，响应武昌起义就把它推倒了，袁世凯算什么力量？你们要知道，我们的力量是活的，越来越大；袁世凯的力量是死的，不但不会发展，而且只会越来越小。我不是空谈理论，而是根据人心，全国反对帝制的有十之八九。希望大家把军队掌握好，我与唐将军有稳妥办法，反对复辟一定成功。"蔡锷一番豪言壮语鼓舞了士气，众人反袁决心已定。接着商讨了军队命名和出兵方略。对于定名，大家有几种方案：讨贼军、讨逆军、共和军、护国军。众人认为袁世凯称帝背后有日本背景，如果日本出兵支持袁，就不能排除讨袁之后还要对日作战的可能，那时就不只是讨伐逆贼了。而"共和军"容易被后人误认为共和党的军队，所以定名"护国军"，取"护卫国家"之意。

1915 年 12 月 12 日，袁世凯宣布第二年为洪宪元年，准备正式即皇帝位。12 月 23 日 23 时，云南都督唐继尧、巡按使任可澄联名致电袁世凯，要求其取消帝制，并限时回复。当然，袁世凯是不会回复的，但这是必须发出的最后通牒。袁世凯能做的当然是立马调兵遣将，准备踏平云南，意图一举拿下"背信弃义""狼子野心"的蔡锷。25 日袁世凯逾期未复，唐继尧、蔡锷等人通电全国，声讨袁逆：

呜呼！天祸中国！实生妖孽！袁氏以子孙帝王之私，致亿兆生灵之祸，怙终不反，愎谏无亲，既自绝于国民，义不同其履戴，敢声其罪与众讨之。袁氏昔在朝廷，久窃权位，不学无术，跋扈飞扬，凶德既已彰闻，朝端为之侧目。迨民军首义之日，及清廷逊位之时，袁氏两端首鼠，百计媚狐，以孤儿寡妇为大可欺，以天灾人言为不足畏。迹其侮弄神器，睥睨君亲，固已路人知司马之心。识者有沐猴之叹。为时我邦人诸友，念风雨之飘摇，惊民生之涂炭，永怀国难，力奠邦基，故赣宁之役无功，而皖粤之师亦挫。乃袁氏恃其武力，遽即骄盈，蹂躏人权，弁髦法治，国会加以解散，自治横被摧残，异己削迹于国中，大权独操于一手。彼固曰是可以有为矣。卒之无补时艰，不保中立，济南拓夫战域，辽东复展其租期，甚至俯首为城下之盟，被发有陆沉之痛。呜呼！我国民之忍辱含垢为已甚矣。袁氏之力图湔雪以求报称，宜何如者？何图异想忽开，野心愈肆，元首谋逆，帝制自为。筹安会发生于前，请愿团继起于后，等哀章之金匮，假强华之赤符。对内国人民，则谓外议之一致，于外交之方面，复假民意以相欺。自奋独夫之私欲，掩天下之耳目。呜呼！永除专制，夫己氏口血未干；难拂民心，清帝之诏书具在。无信不立，宁得谓人？食言而肥，何以为国？因之外侮自召，警告频来，干涉之行已成，保护之局将定。此时杨再思一日天子，宁复有人间羞耻之心；他日石敬瑭半壁河山，更安有吾民视息之所。兴言及此，哀痛何云！夫总统一国之元首，中外所具瞻也。今袁氏躬为叛逆，自失元首之资格，斯其丑行凉德，固有无能为讳者。更举其略，以告国人：南北和议初成，党人欢迎南下，袁氏预留无辞，乃煽动兵变以为口实。京津一带，惨付劫烧。张家口兵变，首乱不过数人，而全军全遭坑杀。逞一己之淫威，轻万众之生命，是为不仁。黎副总统一代元勋，功在民国，段陆军总长当世人杰，志尤忠纯，皆袁氏股肱心膂也。徒以反对帝制之故，积被猜疑，瀛台等羑里之囚，西山有云梦之辱。近传霾耗，未卜存亡。叹乌喙之凶残，悲乌弓之具尽，是谓不义。梁士诒、段芝贵、张镇芳、袁乃宽、杨度、胡瑛、顾鳌辈，皆市井小人，顽钝无耻。袁氏利其奔走，任以鹰犬之材，梁等递窃威权，肆其狼狈之技。群邪并进，一指当前，望夷之祸匪谣，轮台之悔何及，是谓不智。

通电全国后，刘云峰率领护国第一军第一团作为先锋率先出发赴川。

关于起义的领导机构，戴戡、任可澄等提议成立元帅府。但唐继尧考虑元帅一席自己难以坐上，便鼓动李烈钧、黄毓成反对，背后他曾表示不能居于蔡锷之下。于是决定成立讨袁军司令部，但出于人情，唐继尧不得不表示蔡老前辈远道来滇，甚为辛苦，宜留守在滇，自己愿北征。蔡锷对于唐继尧的心思虽明了，但自己本就无意争权，于是表态自己来滇是为国家民族效力，不是来争位置，即来则应到前线，唐继尧几年来对云南熟悉，况且后方补给也特别重要。许多将领都希望蔡锷能上前线指挥作战，对北洋军也有天然的震慑力，最终决定蔡锷任护国军总司令。1916 年 1 月，蔡锷发《护国军出师誓告国人文》，统一战线和思想：

中华民国护国军总司令蔡锷誓告于我全国同胞公鉴：袁为不道，窃号自娱，言念国危，有如朝露。锷等不忍神明之胄递

100

降舆台，更惧文教之邦永沦历劫，是用奋发，力任驱除。首事不过兼旬，风声已播全国，具见时日之痛悉本于人心，差幸疾风之节犹光于天壤。惟是榱崩栋折，讵一木之能支，定倾扶危，将群材之是赖。锷等回天力薄，返日心长，不惜执梃挞伐之先，所冀鼓桴有声应之助。乃如党分洛蜀，疑有异同，地判越秦，不无歧视。或谓伯符有坐大江东之势，抑恐敬业存觊觎金陵之心。凡此疑似之辞，虑不免于馋间之口。窃为是惧，用敢披沥肝胆，谨布誓词以告国人，并自申警：

一、同人职责，惟在讨袁，天助吾民，幸克有济，举凡建设之事，当让贤能，以明初志。个人权利思想，悉予铲除。

二、地无分南北，省无论甲乙，同此领土，同是国民，惟当量材程功，通力合作，决不参以地域观念，自启分裂。

三、倒袁救国，心理大同，但能助我张目，便当引为同志，所有从前党派意见，当然消融，绝无偏倚。

四、五大民族，同此共和，袁氏得罪民国，已成五族公敌，万众一心，更无何等种族界限。

兹四义者，誓当奉以周旋。苟此志之或渝，即明神所必殛。皇天后土，实式凭之。为我邦人诸友，鉴此心期，或杖策以相从，亦剑履之遽及。其诸同仇可赋，必有四方豪杰之来，众志成城，不堕二相共和之政。谨告。

蔡锷以民国名义讨伐叛国的袁世凯，袁世凯是以"中央"

名义征剿"造反"的蔡锷。这是一场力量悬殊的苦战。一方是战无不胜的北洋劲旅，兵力十三个师，十七个混成旅，总计三十八万多人，在前线的是四个师三万多人。袁世凯命虎威将军曹锟为总司令，张敬尧为副司令，督师三路，进攻云南。曹锟第三师，张敬尧第七师，李长泰第八师，外加冯玉祥、李炳之、伍祥祯三旅，取道重庆向泸州前进，为第一路。马继增第六师，二十一师及安武军各一部，由湘西进入贵州，为第二路；龙觐光所率济军一部分，走广西以进滇南，为第三路。同时命令陈宦迅速在叙府、纳溪、泸州一带布防。

另一方是兵微将寡的护国军。蔡锷统领的第一军下辖三个梯团：刘云峰率第一梯团乃左翼先锋，约为 1500 人；蔡锷直辖第二、三梯团，以赵又新、顾品珍分别为主军，不满 5000 人，总数在 6300 左右，还不满一个旅，直指泸州、重庆一线；另派戴戡率 1000 人赴贵州策动黔军起事，组成第四梯团，受蔡锷节制。护国第二军约 1500 人，由李烈钧率领向两广进发。护国第三军共两万余人，由唐继尧兼领，留守云南。也就是说滇方入川部队只有六七千人。除此之外，护国军还存在另一大难题——缺钱。全军 6000 多人奔赴前线，唐继尧只拨款 1 万元。总参谋长罗佩金出身富贵之家，在这关键时刻，将祖辈遗产捐献向殖边银行押得 12 万元，加上李烈钧从海外带回的华侨张木欣捐款 10 万元，滇军这才勉强成行。

北洋军的行动也不顺利。当时有报道称：第七师奉命"全师赴湘驻扎，该师长张敬尧得令后勉行起程。当未起程之先，该师军队询问开往何处，张氏答以前赴保定。迄至登车，径赴湖北，全军大愤。车抵信阳州，军队遂借口索饷，逗留不进。延宕数日，现尚大半小住该处。"可见，北洋军心涣散，根本无意打仗。许多士兵起先都以为只是去驻守边防，后才知被骗入川征讨，均愤慨抗议。

护国军左翼刘云峰率领的杨蓁、邓泰中两个团，是滇军最精锐的部队。这支部队刚到云南省境，与伍祥祯旅相遇。由于伍所带的部队平素缺乏训练，官长荒唐，士兵恣纵，而伍本人又是云南人，不肯同家乡子弟兵殊死作战，所以队伍一跟精锐的护国军对峙，立马全线崩溃，护国军长驱直入，于21日就拿下宜宾；右翼戴戡、殷承瓛从松坎节节进攻，2月14日进入綦江，分兵进入湘西；中路蔡锷亲率两梯团，根据敌众我寡的特点，常以十人或数人为一组，打击敌人。在贵州独立后，护国军由威宁毕节，直指泸州，刘存厚在纳溪起义响应，2月6日攻占泸州。泸州和宜宾皆为蜀南名郡，特别是泸州，北枕沱水，南面长江，占据两江会合之口，西有龙透关险隘，为兵家必争之地，一经占领，全川大震。

三路护国军进入四川后进展迅速，不仅使袁世凯惊骇不已，就是许多护国军将领也感到意外。这首先是由于蔡锷采取了正确的战略战术和分化瓦解敌人的政策；同时由于出兵走的是当年援川旧路，地理情况相当熟悉，所以依山列阵，有利于歼灭敌人。北洋军曾在棉花坡构筑工事，坚守不出，蔡锷识破敌军计谋，下令全军撤退至纳溪县龙头铺一带高地，诱敌深入，包围痛击。为瓦解敌军，出兵时蔡锷就给四川袁世凯的亲信陈宧发电晓以大义。邓泰中、杨蓁不理解这种做法，蔡锷耐心向他们说明了国内和西南形势以及分化瓦解敌军的重要。后来陈宧为大势所迫将要独立，希望护国军派部队保护，蔡锷当即答应，终于使四川独立，导致整个护国反袁形势发生根本的变化，加速了袁世凯的灭亡。护国军对北军俘虏一律优待，愿走发给路费，不愿走的欢迎参加护国军，战争结束后也可返回家乡，结果许多人掉转枪口参加了讨袁战斗。

护国军上下齐心，将领大多为蔡锷的老部下，配合默契，年轻勇敢，罗佩金有谋，邓泰中、杨蓁、朱德等质朴勇敢，文武双全。指挥员们都能够身先士卒，甘当表率。杨蓁支队进入四川，军官即一律改穿士兵服，连排长持步枪，营长以上持十响枪参加战斗。出兵时，已经欠士兵饷粮三月，出征后每月只发给伙食费，衣着只有军夹服两套，外套毡被皆无，可以想象士兵们是如何艰难地在雨雪交加的时节。但战士们依然奋勇杀敌，以战死沙场为荣，连负责后勤供给的、运子弹的马夫都拿起枪来射击敌人。

残酷的战争仍在继续，双方的实力依旧悬殊，绵延百里的战线，历时半个多月的攻防战。开始几天，北洋军对护国军进行强大的火力压制，枪弹炮火疯狂倾泻到护国军阵地上。为突破北洋军的进攻，2月19日，蔡锷命令禄国藩、朱德、何海清分兵三路进行反击；刘存厚部则担任纳溪城内外警戒和掩护，并渡江进行佯攻。反击卓有成效，各路皆有进展。然而北洋军仍占优势，张敬尧的第七师还在继续向泸州开进。此时，护国军的弹药即将告罄。21日，蔡锷致电唐继尧，告知战况，希望尽快补给子弹等装备。在补给到来之前，护国军不得不转为守势。

2月23日，蔡锷从永宁驰赴纳溪前线直接指挥战斗，与参谋长罗佩金同住城内指挥部，日夜筹划，准备反攻。蔡锷的计划是"扼守要点，集结主力，多张疑兵，以分敌势，俟有隙可乘，分头击破之"。

总攻前夕，蔡锷曾与死神擦肩而过，惊险异常。那天，蔡锷身穿士兵服巡视战线，顾品珍、赵又新两个梯团长及副官邹若衡和卫士数人陪同前往。朝阳观阵地前，护国军与北洋军各据一高地，中间是一片水田。午后，蔡锷等人冒险穿越水田时被北洋军发现，顿时机枪猛烈扫射。走在前面的顾品珍急速跑向安全区，赵又新则同军士数人迅速回身退走。而蔡锷和剩余士兵夹在中间，进退皆极有可能中枪，只好翻身滚入水田隐蔽。一士兵见顾品珍已进入安全区，以为安全，便爬上田埂沿前面的人走过的路线飞跑，当即中弹，弹穿两颊，打断舌头。密集的子弹在头顶横飞，邹若衡死死拉住蔡锷，两人泡在水深及胸的田里，一直到天黑才回到指挥部。这是护国战争期间蔡锷最为凶险的一次经历。

就在两军对峙时，张敬尧派人企图迂回偷袭护国军后路，拿下永宁，对护国军形成包围之势。此时，永宁大本营只有1000多伤病员，蔡锷急调何海清回援，何海清率不到100人的部队痛击北洋军，使其不知护国军虚实，狼狈而逃，这才保住后方，立大功一件。被蔡锷赞为"吾之子龙也"，时有"虎将"美誉。2月28日，护国军组织反攻，主攻部队是何海清支队，朱德、王秉均支队和刘存厚部属助攻部队，助攻部队从正面掩护何支队前进。战争最激烈时，护国军所有预备队都派上了火线，此时纳溪成为一座空城。张敬尧的旅长吴新田亲率一个混成团渡河直扑护国军总司令部。而蔡锷现在手下一个连的兵力都没有，如果吴新田攻进城内，不止蔡锷，整个护国军都面临累卵之危。然而，吴新田的阴谋没有得逞，是当地的普通老百姓保住了蔡锷，保住了护国军。

原来吴新田不认路，强拉当地居民做向导。当地居民早已痛恨北洋军的残暴行为，怎么会助纣为虐？向导把吴军引入安福街背后的罗观山峡谷内，同时叫人飞报护国军。所幸的是，昨晚急调一连加一排回防的士兵此时刚好进城，蔡锷立马组织部队赶往罗观山峡谷两侧埋伏，把进入埋伏圈的吴军打了个人仰马翻、伤亡惨重。

反攻战争一直持续到3月上旬，护国军奋勇拼杀，杀伤张敬尧部队两三千人。张敬尧知道斗智斗勇拼不过护国军，索性拼后援，一方面深沟高垒，坚守不出；一方面源源不断调兵增援。

张敬尧的"乌龟战术"虽不会对护国军造成实质上的伤害，但每天挥霍的炮弹确实阻遏了护国军的攻势。冯玉祥等北洋军与护国军交锋数战后，主动议和，表示自己本也不赞成袁世凯称帝。护国军此时严重缺弹乏饷，仍想继续进攻的蔡锷终于采纳罗佩金等人的建议，下令暂时撤退。这次战略退却有条不紊，三月上旬，护国军分左、中、右三路撤出纳溪。城中百姓倾巢而出，为护国军点灯照路，又送粮米、备茶汤，盼他们早日归来，许多士兵都感动落泪。撤军之日，蔡锷一直坐镇司令部指挥，纵然敌人的炮弹打到身边不远处，依然镇定自若，待一切布置停当，才殿后撤离。

打怕了的北洋军竟然未发一兵一卒，他们都把心思花在了打电报邀功请赏上了。曹锟占领叙府泸州后，立即向袁世凯报捷，大肆宣扬"辉煌战果"。几乎同时，周文炳在湘西拿下麻阳，龙觐光先头部队侵入滇桂边界，龙少臣由逢春岭率土司兵攻占个旧、建水，蒙自土匪起而响应。袁世凯兴高采烈，积极筹备登极。

护国战争已经处在危急关头，一些事先答应举义的省份开始坐视观望。特别是广西的陆荣廷，云南起义前态度本来已经明确，但此时却做着"唐（继尧）"式观望。广西不响应，第二军李烈钧就无法通过桂省，前往湖南江西与第一军在武昌会师。陆荣廷表态，起义可以，但要梁启超亲到广西，所到之日，即为独立之时。梁启超考虑到"滇黔生死，且全国国命所托"，毅然在三月初即刻启程，赶赴广西，一路上历经艰险，终于在3月15日抵达广西，陆荣廷即与梁启超联名发电致北京和各省，宣布广西独立，并将龙觐光部队全部缴械，给袁世凯当头一棒，整个斗争形势急转直下。

3月17日，护国军经过休整，军力恢复，且广西独立的消息大振军心，蔡锷命令部队冒雨全线反攻，经七天七夜的激战，护国军势如破竹，占领纳溪、江安、南川、彭水等地。张敬尧、吴佩孚两个主力部队尸横遍野，几乎全军覆没。

三路会剿失败，袁世凯立刻陷入众叛亲离的境地。英法德等国发出两次警告，后风传第三次警告将要求袁氏确定取消帝制的期限。法国声称鉴于云南形势，即使他国承认帝制，法国也不会承认。更致命的是日本公然拒绝袁世凯的特使周自齐赴日祝贺日皇加冕并赠送勋章。无可奈何的袁世凯竟无耻地拿割让吉林全省等七条卖国条件作诱饵，但不起作用。外无国支持，内部更军心动摇。冯国璋、张勋等五将军密电，劝袁世凯放弃帝制。袁世凯看到密电差点气昏，他知道大势已去，帝制大戏无法继续，硬撑的结果只能是北洋内部四分五裂，自己变成真正的孤家寡人。3月22日，袁世凯发出申令，宣布撤销承认帝制案，发还各省区推戴书，一切筹办帝制事宜立即停止，并废止洪宪年号，恢复民国纪年。

撤销帝制第二天，袁世凯假黎元洪、徐世昌、段祺瑞之名致电陆荣廷、梁启超、唐继尧和蔡锷，说"帝制取消，公等目的已达，务望先戢干戈，共图善后。"蔡锷考虑部队亟需休整，31 日同意停战，川黔战场实际处于休战状态。而袁世凯取消帝制后，一方面将各省拥戴文电公布，以推脱罪责，声称："顷帝制发生，实非元首本意，当时群言蜂起，元首尚以为不合时宜，乃中外有力之人群相拥戴，诸公亦同在赞成之列。"另一方面积极扩充军队，准备以武力讨伐护国军。此时，摆在蔡锷面前的是两条难以抉择的路：继续让袁世凯当名义上的总统？还是迫袁退位，争取护国战争的彻底胜利呢？

蔡锷作为这场斗争的发动者和领导者，早在起义初就明确表态背叛民国的罪人当然丧失元首之资格。面对袁世凯的倒行逆施，蔡锷致电各省，指出袁世凯赖着总统位子，目的是卷土重来，再行专制，希望各方统一主张迫袁退位，照约法由副总统先行摄职，然后召集国会，正式选举。致张敬尧电中说："项城一日不退，战祸一日不休，外患愈逼愈紧，造孽于一人，受祸于全国，言之悲愤。吾民何辜，吾国何辜，项城何心，竟忍之绝地也。"孙中山先生在《规复约法宣言》中表示："袁氏未去，当与国民同任讨贼之事；袁氏既去，当与国民共荷监督之责，决不肯使谋危民国者复生于国内。"

梁启超也公开表示反对。当时北洋派许多人打电报，请求就此息兵，梁启超明确表达除袁世凯退位之外，无调停之余地。还写了《袁政府伪造民意密电书后》《袁世凯之解剖》等几篇文章，揭露袁世凯丑恶的面目，低下的人格，卑劣的手段。在梁启超生动形象的笔下，袁世凯复辟帝制的丑剧变成一幅时代的群丑图。这些解剖式的文章，嬉笑怒骂，酣畅淋漓，在政治上宣判了袁世凯的死刑。蔡锷也进一步行动，他还积极策划于五月上旬在广东肇庆，成立了统一指挥各方讨袁力量的军政机关军务院。以唐继尧为抚军长，岑春煊为抚军副长，自任政务委员长。军务院首先坚持迫袁退位的方针，致各省公函指出："袁氏一日在位，中国一日不宁，袁氏朝退，兵祸夕解，在本抚军等既扶义以兴，计无返顾，若其不济，宁率所部十数万众，同蹈东海，无所怨悔，而断不肯于民贼窃位之际，听纳苟且调停之议。"这样一个与袁氏对立的南方政权的诞生，对护国运动的进程影响很大，不久广东、浙江、陕西等各省纷纷宣布独立。

四川是护国军的主要战场，陈宧又是袁世凯赖以维持西南局面的将领，而陈虽为军人，却一副谋士做派，投机取巧，四面讨好。所以蔡锷多次密函其总参议刘一清和旅长冯玉祥，请速促起义。冯玉祥把军队从自流井转移到龙泉驿以威胁成都，又电示陈宧说湖南即将独立，在湘黔军不会株守合约——就是说，四川再不独立，陈宧等将遭到护国军的进攻。陈宧左右刘一清、邓汉祥等人也是急言独立，声言谁阻挠就杀了谁。陈宧已经无可奈何，终于5月22日通电独立。宣布："项城先自绝于川，宧不能不代表川人与项城告绝，自今日始，四川省与袁氏个人断绝关系。"陈宧自以为聪明，却为各方不齿。蔡锷说他纯系"取巧"，袁世凯气得"半日无语"。袁的另一心腹，汤芗铭在督湘期间干尽了坏事，迫于形势，也于 29 日宣布独立。

在袁世凯最需要帮助的时候，他的部下不是出来夺权就是缴械投降。袁世凯和他们共事多年，情义也不可谓不深，但权力熏心，总能使人心扭曲、私欲膨胀。首先就是袁世凯本人率先扭曲和膨胀，在他的影响下，整个北洋集团也都在扭曲和膨胀。一个过度追求权力的人最终被权力吞噬，最重要的是，袁世凯复辟帝制的行为逆历史潮流而动，遭到全国人民的一致反对。6月6日，又急又气的袁世凯一病不起，在忧愤交并中一命呜呼。轰轰烈烈的护国运动终于成功。

黄兴

十二、身殉共和浩气存

永宁河畔有一块岩石，蔡锷曾命人在上面镌刻"护国岩"三字，以为永志，还写下《护国岩铭》，一并勒于石上：

护国之要，唯铁与血。

精诚所至，金石为裂。

嗟彼袁逆，炎隆耀赫。

曾几何时，光沉响绝。

天厌凶残，人诛秽德。

叙泸之役，鬼泣神号。

出奇制胜，士勇兵骁。

鏖战匝月，逆锋大挠。

河山永定，凯歌声高。

勒铭危石，以励同胞。

从 1 月 16 日出师到 6 月 6 日袁世凯病死，蔡锷在外征战 142 天，可惜这场原本只为国家不为个人的护国战争，最后到底还是演变成惨烈的权力之争。蔡锷在给妻子的信函中预测到："大局稍定，争权夺利者，必蜂拥以出。予素厌见此等伤心惨目之情状，不如及早避去之为得。一俟局势略定，即当抽身引退，或避居林泉，或游海外。"果不其然，护国运动刚结束，一些野心家和封建军阀蠢蠢欲动。唐继尧在泸州被围、纳溪后退时，不接济一兵一卒，一枪一弹，却在袁世凯死后，将所部第三军扩为八个军，并计划第四军出川，第五军由会理、宁远出陕，第六军出粤，第七军由桂林至长沙，而唐本人则率第三军及警卫军由黔出湘，大举北伐。成立的军务院作为一个临时性的政治机构与袁世凯分庭抗礼，唐继尧出任抚军长，蔡锷看穿了这称霸西南的阴谋，讥斥为"五华山一群叫花子抢烧饼吃"。川军第一师师长周骏驱走陈宧，占领成都。蔡锷一方面致电张敬尧，严斥此行动，一方面派护国军左翼总司令罗佩金会同刘存厚、熊克武向成都进军，终于将周骏逐出成都，蜀乱方定。

1916 年 7 月 6 日，升任总统的黎元洪任命蔡锷为四川督军兼省长，领益武将军衔。此时的蔡锷喉疾甚重，几近失音，提出辞职，可中央不准。本在 6 月 19 日随军之时，蔡锷曾喉痛大作，但经随军主治医生治疗，有了明显好转。7 月上旬，梁启超曾电邀重庆德国医生阿密斯来治疗，谁知这位傲慢莽撞的外国医生未做深入检查就轻率地认定蔡锷得的是花柳病，遂用"六〇六"

驱梅，结果一针打垮，病情急剧恶化。到成都后，军医处长李丕章给蔡锷做了身体检查，在显微镜下发现了结核杆菌。那个年代的医疗水平还不足以根治，喉头结核更难治。这期间川中局势严重，蔡锷难以脱身。民国以来，四川的形势与全国关系极大，有"蜀治而天下安"之说。迅速使四川的社会秩序趋于安定，恢复建设和人民生活，实质上关系到刚刚恢复的共和制的命运和前途。蔡锷在稍能进些饮食之后，8月1日，病未好就进入成都。他把整编军队、统一财政、制定军队和官吏的奖惩条例当做收拾川局的首要任务。凡重要军政人员的任命，蔡锷公正无私，包括了各省各党派谙习政事、富有才能的人士，体现了任人唯贤的方针，与唐继尧的地方主义和四川军阀的排外主义有天壤之别。

然而，日益严重的病情使蔡锷头晕目眩，难以支撑，医生说他"肺部已坏，宜速休养"，蔡锷只能再度请辞，并推荐罗佩金代理督军，戴戡代理省长兼会办四川军务。中央终于批假三月。8月9日，蔡锷在总参议蒋方震等人的陪同下离开成都，准备赴日就医。这一天，上万群众聚望江楼送别蔡锷，他们祷祝将军早日康复，再回四川，甚至有人烧香乞拜。

时任川边镇守使行营参谋长陈显良有一段蔡锷离川的回忆，从中可见护国军内部复杂的人事矛盾，也可以了解蔡锷对未来的预见和安排：

8月9日拂晓，显良趋至望江楼，远远望见，蔡已独自闲步石栏边，仅有卫士数人散立数十步外。蔡身躯瘦长，衣灰呢长袍，外罩青缎背心，见面后即同显良沿着江边，且行且谈，其大意如下：现在西南局面虽已戡定，尚不可乐观，滇军兵骄将悍，纪律气质远非数年前之比，已不复可用。……他们目下几乎要不听我的命令了。我本意要保荐殷叔桓（殷承瓛）来接替我，而罗榕轩（罗佩金）手握兵符，只好给他。此人性情褊急，又私心自用，我预料将来的客军必然要被川人驱逐出境，西南局面，重归纷乱。你告诉云皋（陈遐龄，时任川边镇守使）驻在雅州，一步不可向东前进。殷叔桓所带的华封歌一团是滇军最精锐的，战斗力甚强，纪律也好。今后叔桓驻打箭炉，云皋驻雅州，望他们两人诚意互助，我到日本后如病有转机，即可重回四川，再与他们共商大计。

　　刚刚带着队伍在万众欢呼中得胜进驻四川的蔡锷，却有这等冷眼和冷静，他猜对了大势，却没有猜对自己的命运。

　　蔡锷离川后，罗佩金果然未执行原计划，他把部队扩编为七个师。此举大大加重了四川民众的负担，激起民怨，也为日后的军阀混战埋下祸根。蔡锷听说后，更是痛言其"误国误川"。不久，护国军的将领就为了抢夺地盘而内战互伐，血漫川滇。唐继尧还在蔡锷治疗期间，利用越南海关"免检"的便利，把大量鸦片带到上海贩卖，在租界被发现，受到舆论纷纷谴责，这是当时喧嚣一时的"大烟土案"。许多北洋派人物乘机攻击，使云南起义保卫共和将领的声誉受到极大的玷污，更使蔡锷忧愤交加。

怀着这样的心情，蔡锷由代理副官长李华英，秘书唐瓛，随行医生李丕章等护行，东渡日本就医。他离沪时，黄兴的病情也相当严重，但他坚持亲往码头相送，洒泪挥别。后听说蔡想水果吃，黄兴特意让儿子买了两篓沙田蜜柚，由邮局挂号寄去。蔡锷在航程中还扶病为老师梁启超的《盾鼻集》作了序。9月14日，蔡锷终于进入福冈医院耳鼻咽喉科特别病室就诊。当时担任内科和咽喉科两位主任医师均是九州帝大医学部教授：一是稻田博士；一是久保博士。初期，蔡锷的病情有所好转。10月31日，黄兴在上海逝世，日本各报均有报道，只是不敢让蔡锷看见。一天晚上，蔡锷与几位好友观看提灯会回来，无意中从报纸上看到了此消息，悲痛至极，病情也突然加重。蔡锷在悲恸中含泪写下《哭黄克强》一联，四十二言，字字滴泪，竟成蔡公一生绝笔：

以勇健开国，而宁静持身，贯彻实行，是能创作一生者；
曾送我海上，忽哭公天涯，惊起挥泪，难为卧病九州人。

蔡锷与黄兴，有着相当深厚的情义。早年留学日本，曾共同组织抗俄义勇队，为维护中华民族的独立奔走于异国。1913

年蔡锷在云南都督任内，黄兴曾写信叙及当年事，有"寄字远从千里外，论交深在十年前"之语。黄兴的逝世，对蔡锷的影响很大。11月7日，经过一周治疗，蔡锷病情似乎有所好转，食欲也增加了。恰好窗外进行航空大演习，他叫陪侍人打开窗户观看，还感叹说我们国家也应赶早建立空军。看到蔡锷身体好转，陪同人员都很高兴。然而，当日晚10点，蔡锷病情急变，痰结塞于喉，顿时陷入极度痛苦中。而医师及护理人员因病人白天病状好转而疏怠，以致耽误了病情，抢救不及。午夜1时，蔡锷已经陷入危笃状态，久保博士和稻田博士先后赶到，已经束手无策，万事皆休。1916年11月8日晨2时，蔡锷仙逝，年仅三十四岁。

蔡锷病逝后，蒋方震向北京发出了蔡公遗电：

国会、大总统钧鉴：

锷病恐不起，谨口授随员等以遗电陈：

愿我人民、政府，协力一心，采有希望之积极政策。

意见多由争权利，愿为民望者，以道德爱国。

此次在川阵亡及出力人员，恳饬罗督军、戴省长核实呈请恤奖，以昭激励。

锷以短命，未克尽力民国，应行薄葬。

临电哀鸣，伏乞慈鉴。四川督军兼省长蔡锷叩。

身殉共和，死而后已。临终的蔡锷仍不忘民国治理大策，遗憾的是蔡公的四项遗嘱，除了第三项之外，都没有落实。但这并不影响遗电本身的价值。电达北京，黎元洪令驻日公使派员妥为照料，给银二万元治丧，追赠陆军上将衔，并决定 12 月 25 日为护国军起义纪念日。后来孙中山还曾提议把这天定为中华民国的国庆日。

蔡锷的棺木在日本福冈崇福寺停放了一周有余，僧人每日诵经。棺木选用长崎最上品，蔡公安卧其中，着白色旧衣，外套黑色礼服，身旁放了一串生前爱用的伽楠珠和两枚水晶方章。停灵期间，日本朝野政要及各界人士纷纷南下九州岛吊唁。

在国内，湖南督军谭延闿率先致电各省，提出应该为蔡锷举行国葬。倡议一出，唐继尧、陈炳焜、刘显世、任可澄、吕公望、罗佩金等各省领导人立即电请中央准予国葬，并为蔡锷建祠铸像。11 月 19 日，黎元洪复电表示同意，国会还专门通过了《国葬法》，蔡锷成为民国以来第一位国葬之人。

1917 年 1 月 2 日，蔡锷的灵柩在军舰护航下回到长沙。1904 年，英气勃发的蔡锷曾登临岳麓山并赋诗一首。13 年后，4 月 12 日，伴着蒙蒙细雨，蔡公再次登上岳麓山，这次却是魂归故土。下午 2 时许，蔡公的灵柩在 17 声葬炮的鸣响中缓缓入土。群山呜咽，百鸟失语。一位忠贞爱国、为共和事业鞠躬尽瘁的伟大将领终长眠于湘水之畔。

延伸阅读

时务学堂札记

读隐公二年三年春秋讳内大恶之义三：不忍言也，不必言也，不可言也。何不忍言？子不丑父，臣不丑君也；何不必言？无益也；何不可言？惧罪也；究以口授为万世也。此孔子作《春秋》之苦心也。

教习梁 ①批

《春秋》每立一义，必有所以然之故。其所以然者，或一端焉，或数端焉。不能察，寂若无；能察之，无乎不在。朱子曰：能通所以然，是第一等学问。若能每条以此求之，则圣人之意不

---

① 即梁启超。

难见矣。

孔子讥世卿以为民权不伸、君权不伸也。何以不伸？君则为木偶，民则为奴隶也。故君之令不可及民，民之愿不可闻上，上下相锢，终无已日。故此风愈甚，其君民愈蹙；此风愈久，其患愈深。生非贵族，不可以闻国事，故其族愈众，势愈强，则其相争也愈大。争则相怨，相怨则离，离则同门荷戈之衅开矣。故犯上之祸，所以不胜屈指也。自秦以后，二权略伸，孔子之功大矣，然流弊无穷也。使益之以西人之法，则尽善矣。西法何？议院之制也；议院之制何？万心之推也。此法可兴，则君公其君，臣公其臣，民公其民，身公其身，心公其心。前之弊在身心不相属，今之弊在心不相属，混天下为一心，庶无捍格之虞矣。

教习梁批

流弊一语极谬。孔子讥世卿立选举，汝殆鉴于今日科举之极弊而发此言也。然凡行一制度，必条理始末且行之然后可，苟仅行其一二而已，适见其敝也。今日之学西法是也。孔子选举之制，一出学校六经，遗规粲然具见；后世仅用其选举，而不用其学校，徒有取士之政，而无教士之政，欲得人才，乌可冀也。不责历代奉行之不善，而谓流弊无穷，何其谬也。至于议院之法，何必西人，孔（子）固深知其意而屡言之者也。见于《春秋》者，亦指不胜屈也，但别见代条耳。《春秋》固当合全书以议之，不能执一二条而议其法之不备也，此固是矣。然亦知心必如何而后能公、如何而后能一乎？必举国之人见识相等，然后其心能一。譬诸有十人于此，皆君子人也，而守旧党五人焉，开心党五人焉，则其势必不能一也。故必有术，开天下之智使之相等，则不求一而自一矣。不然，日日痛恨于人心之不一，皆空言耳，何补于事哉！

外小事不书，何以书宋之渴葬？悯贤君之葬不得时也。何以贤？以其能让国也。故《春秋》极重在不争。

教习梁批
此是大义。能让国者，十世犹将宥之。

《春秋》非改制度之书，用制度之书也，固自言之矣。曰：述而不作，信而好古。又曰：非天子不议礼，不制度，不考文，虽有其位，苟无其德，虽有其德，苟无其位，不敢作礼乐焉。虽曰乘殷辂，服周冕，行夏时，乐韶舞，亦因而已耳。如视其书为改制度之书，视其人为改制度之人，则孔子不能逃僭越之罪矣。孔子悯三坟之放失，百国之纷乱，从而修之，不得已也。故孔子曰：知我者，其惟《春秋》乎；罪我者，其惟《春秋》乎。知我者何？知其为因制度之书，非改制度之书也；知其为不得已之苦心，非自好自用之人也。罪我者何？罪其为改制度之人，改制度之书也；为自用自专之人也，此孔子所以惧也。如曰孔子惧罪彼者罪我，则更相刺谬矣。《春秋》乃劝惩之书，非罪人之书也。

教习梁批

此论犹属似是而非。大约孔子《春秋》之制，可分为四种：一、周之旧制；二、三代旧制；三、当时列国沿用之旧制；四、孔子自创之制。即以讥世卿一条考之，内有伊尹、尹陟是三代，乃世卿也。周有尹氏、刘氏等，是周世卿也；晋有六卿，鲁有三桓，郑有七穆，是当时列国世卿也；若讥世卿则主选举者，乃孔子所改之制也。以此类细推之，不一而足，何得谓孔子非改制度乎。夫改制度，亦何足奇，即如黄梨洲之作《明夷待访录》，冯林一之作《校邠庐抗议》，自有所见，则著之于篇中，以待后人。其中固不无变今从古之处，然必谓黄氏、冯氏之所言，皆古人所有者，则黄、冯固不服也。即如鄙人之无似，亦尝引吭发噫，为《变法通议》之篇。若必谓鄙人之《变法通议》为皆因仍古人，鄙人固不敢服也。而乃谓孔子之所知所能，乃出黄氏、冯氏及鄙人之下，抑何悖欤。且汝谓改制度为可罪者，是犹有极守旧之见存耳。制度者，无一时而不当改者也。西人惟时时改之，是以强；中国惟终古不改，是以弱。盖一时之天下，有一时之治法，欲以数千年蚩蚩之旧法，处数千年以后之天下，不能一日而少安也。然则道之不能徒用因也明矣。有因必有革，有损必有益。孔子对子张之言，谓其或继周者，虽百世可知，谓知其损益也。若徒因也，则又何徒圣人哉！至汝之为此说也，必曰制度虽当改，然孔子布衣也，非所应行也；不知此又迂谬守旧之言也。虎哥也，果鲁士西亚也，皆布衣而创万国公法，天下题之，未有以为不当者也。今西国每国报纸以数千万计，中国近亦颇知此义，有识者莫不曰，此开民智、强国本之第一义也，而迂谬守旧之人，必曰此处士横议也。如汝所论，则究为开民智乎，为处士横议乎？夫以今日后生小子，而蒿目时弊，昌言更革，识者犹且许之。至于孔子则必不许其有此事，且不许其有此志，此何理也？夫天下之事理制度，亦问其当与不当而已，不问其出于何人也。苟其当也，虽樵夫牧竖之言，犹为有功而可采矣，况孔子虽布衣而实圣人者乎！如其不当也，虽一王之制，历朝相传之法，而樵夫牧竖亦可从而议之，而况于圣人乎！孔子言天下有道，则庶人不议；又曰，天下有道，某不与易也；此言天下有道时，可以如是而已。惟周末极乱，孔子故托于庶人之议，思以易天下，所谓知其不可而为之者也。譬之今之豪杰，使生于康、乾无外患时，何必为此激昂慷慨之言哉。然则孔子之改制度，乃极不得已之苦心，而无一毫不可为训之处明矣。所谓罪我者，正恐后世迂谬守旧之俗儒，以改制为罪而已。汝试熟思之，如尚不谓然，下次可详辨。《中庸》曰：辨之弗明弗措也，博辨数次，必豁然矣。

庄元年不言即位；夫人孙于齐不言反，不言姜氏；单伯逆王姬不言使；齐侯迁纪邢鄑郚不言取；公子庆父帅师伐于馀丘，馀丘不击乎？邾娄纪侯大去其国，不言齐灭之；公及齐人狩于郜，不言齐侯，公会齐人；宋人陈人蔡人伐卫，不言纳朔；皆孔子既修之《春秋》也。未修之《春秋》，则言反；言姜氏；言使；言取；言邾娄之馀丘；言齐灭之；言齐侯；言纳朔矣。

教习梁批

通极。就此例以读全书，可见记号之间，无一字无深意。真所谓万物散聚，皆在《春秋》也。

师还何以谓之善词，嘉得休息也，殆可以劝据乱世之穷兵者。

《春秋》不记诸侯与大夫盟者，为太平世设也。以禹一雇工、稷一农夫耳。读《春秋》如测恒星：孩提只知其为萤火，长则知其为星；读天文书则知其星之名号，以几何之法算之，以显微之镜测之，则知其为不可思议之地球，则知其内之动植物件之多且庶且备。《春秋》犹是也。俗儒只知其为取功名之用，妄儒只知其为断章烂报，皆不知几何之法、显微之镜也。几何法何？三世之义也。显微镜何？既修之《春秋》、口说之《春秋》也。以此法测之，则知其中有多少之道，多少之理，多少之人，多少之用，多少之益，此太史公所以云文成数万，其指数千也。无几何法、显微镜而测恒星，则恒量为数万小光而已；无三世之《春秋》以读《春秋》，则《春秋》为数本古传而已。

教习梁批

比例精当，见地莹澈。然同一用几何法，而其布算之密合与否，亦恒存乎其人。譬如地球绕太阳为一圆轨道，其成轨道之故，由于太阳有摄力，而地球有离力。稍通重学者，即明其理矣。然太阳摄力之外，尚有内而金星，外而火星，亦各有其摄力加于地球，而轨道之例，可以由此而变焉。太阳又自摄于一公重心，而轨道之例，又可以从此而变焉。非参伍错综比例极精，则不能确然得其中数也。然则己方以为能用几何学，犹未知真能用与否也。又如用粗粗之天文镜，则可以知恒星之为太阳，行星之为地球矣。用更精之天文镜，则能知天河之皆为星，其星皆为日球矣。用更精者，则知无量数之星云星气，皆为天河，皆为恒星，皆为日球矣。用粗镜者自以为知，非真知也；用精镜自以为知过于粗镜，然亦非真知也。镜之界无限，然则吾之学亦无限。乌知乎今所谓能用镜者，真为能用否乎？今既知用几何法矣，知用天文镜矣，亦惟于几何之学，密益求密，精益求精而已。

宋万弑其君，闵公自取之也。孟子曰：君之视臣如草芥，则臣视君如寇雠，可以痛警据乱之世矣。

曹沫片语而复汶阳之田，千古之大侠也。我四十不动心，孟子之侠也。一心侠，一气侠，至今其种无一存也，以致外人欺伺，其患皆成于诸臣昏庸残暴者鞭笞之束缚之也。请论学时，此条万不可不先及之。不然，再阅百年，则黄种成豕马，成木石，听人舞弄而不知矣。

教习梁批

今日已为豕马木石矣，有待百年？吾辈日日以此呼号于众，而一二人之口犹无济也。愿诸君之学速成，更学辩才，以发其热肠；则此义或可不绝于天壤也。

蔡锷 1898 年

《后汉书·党锢传》书后

有以心党，有以气党。无量世界食其赐者，心党也。虽食其赐，不无畛域，气党也。

言为天下法，行为天下则，人力所通，舟车所至，凡有血气，莫不尊亲，汇万流之精，贯百王之英，是谓心党之上。合大群，立大功，成大业，救大危，释大难，有所畛域，是谓心党之次。

揭大义号召天下，挺然其独立也，莽然其众适也，万枪不敢逼，万挫不可钝，视人之仇，如人之恨，破身烂肉，以伸大义，是谓气党之上。理不必直，义不必宜，惟以一腔热血，数片横骨，是谓气党之次。

呜呼！心党尚矣，吾不得而见矣。窃汗且喘，揭橥走天下，欲求古人所谓气党者，而亦跫然足音，千载寥廓，罔一遇焉。

呜呼！其故何由哉？其在上者，秦政剥之，汉桓灵剥之，魏武剥之，两晋南北五祀唐宋元明之民贼，靡不出死力以剥之。其在下者，汉之训诂剥之，六朝唐之辞章剥之，宋之章句剥之，自元至今，帖括剥之。以至有匈奴之祸，五胡之祸，突厥吐番之祸，契丹回回之祸，金辽蒙古之祸。今则无面无祸，无地不祸，无日不祸，其剥愈甚矣。受祸更不可拯，悠悠千年，往车来轸，何其哀也！

祖龙之鞭笞诸侯也，孟尝信陵党出，而秦气夺矣；山东党出，

128

而气销矣。吕氏之篡也，朱虚党出，而大乱灭矣。王莽之弑也，白水党出，而中原恢复矣。董卓之劫也，关东党出，而奸首授矣。曹武之逆也，涿郡党出，而瞒魂折矣。苻坚之嚣张也，安石党出，而贼破矣。武氏韦氏之僭也，狄张隆基党出，而宗庙宁矣。惇蔡之弄也，洛蜀党出，而心志稍苏矣。中兴之乱也，曾胡党出，而大乱弭矣。美之制于英也，华盛顿党出，而大阱出矣。德之灭于法也，俾士麦党出，而仇复矣。法之复于德也，爹亚党出，而国势张矣。日本之劫于俄英美也，萨长浪十党出，而维新成矣。

嗟乎！中国亦天下之雄国也，初挫于英不知振，再挫于法不知振，三挫于日不知振，以致君无党君，卿无党卿，士无党士，农无党农，工无党工，商无党商，妇无党妇。无气之气，无心之心，呜呼，尚能有为哉，尚能有为哉？

不宁惟是。一二豪杰之士，告之以党术，授之以党权，导之以党路，求所以药其不党之痼疾而起者，而举天下非笑之，戮夺之。甲与乙相善也，甲处大泽，群虎相与谋之。乙乃大声呼之，而授之御虎之器，而指之以御虎之方。甲谓乙诳己，莫之信。未几而爪牙临身，乙愈怜之，而呼之愈疾，而语之愈哀，又视为惊己，将信而将疑之。未几而虎果来矣，知乙之不诳己，不惊己，靡及已。哀乎！

今之计也，四万万人不足恃，足恃者自一人而已。一可十，十可百，百可千，千可万，万可四万万。不然，秦赖楚，楚赖秦，究无一可赖。今日之中国，深中此弊也。国之破不足虑，种之厄不足虑，惟教之亡足虑。心之死，气之销，足为大虑。心不死，气不销，则可望俾士麦生，爹亚生，萨长浪徒生也。中立而不倚，强哉矫；国无道，至死不变，强哉矫。此保教之道也。吁，孟子所以不动心于战国之时也。

蔡锷　1898 年

秦始皇功罪论

千古之罪，未有一人成之者；千古之功，未有一人树之者。

尧不得舜，必为鲧惑已。舜不得皋陶，必为瞽瞍惑已。武王不得姜召，必为管蔡惑已。桓公不得仲，必为习竖诸人惑已。纣有飞廉，故其暴成。平有无费，故其奸成。蜀有黄皓，故其亡成。魏有司马，故其篡成。宋有秦桧，故其和成。

秦得非然欤？有商鞅，而井田废成，诗书燔成，宦游禁成；有穰侯，而奢侈成，吞噬成；有白起蒙恬，而杀戮成，残酷成。始皇被臣下之锢蔽，因数祀之遗规，非心为此也，势为此也；非自然之势成之，不获已之势成之也。始皇痛当世之士各以其缯缴之说以弋其上，所用非所吐，所吐非所用，此其禁宦游燔诗书之不获已也。痛周天下之亡亡于诸侯，诸侯之亡亡于世卿，此其夷封建为郡邑之不获已也。至其废井田，好杀戮，好奢侈，此其成于祖宗、限于臣下之不获已者也。

然则无片过乎？曰：始皇千古之大罪人也，乌无过？过何？不智民而愚民而已，然亦由于私天下之心之不获已也。一言蔽之，始皇之功不成功者，不获已也；罪不成罪者，不获已也。师之，当师其所以兴；革之，当革其所以亡可也乎。听言不可不慎也，用人不可不慎也，始皇其龟鉴欤！

蔡锷　1898 年

致湖南士绅诸公书

朔风翔疾，鸿雁南飞，衡山木脱，洞庭水波。目极潇湘沅资，云烟浩淼，不可怀抱。自浮海而东，登三神山，饮长桥水，访三条、大隈之政策，考福泽、井上之学风，凭吊萨摩、长、肥，遍观甲午、庚子战胜我邦诸纪念，而道路修夷，市廛雅洁，邮旅妥便，法制改良，电讯、铁轨纵横通国，警察严密，游盗绝踪，学校会社，公德商情，农工实业，军备重要，日懋月上，不可轨量。国民上下，振刷衔枚，权密阴符，无孔不入，志意遒锐，欲凌全瀛。推其帝国干涉之主义，恐怖坚忍之情形，殆无日不若趋五域之大战，临东西太平洋而有事。以此感激愤厉，抑塞蒸郁。以我四百余州之土地，五百兆众之人民，势利社会，国体精神，一切授人以包办，任人以奴肉，而我主人全家父子兄弟，犹然日日酣嬉，寄傲于水深火热，炮烟弹雨之上，则诚不喻其何衷，而亦实痛其无睹。若使某等镇日守乡里，抱妻子，黜聪坠明，深闭固拒，一无闻睹于外务，则等此黄胄之脑质，亦宁有望今日一得之解乎？语云："若非身历亲见，犹然不悟。"此之谓也。然大悟之下，又几无地以自容。耻独悟而乐同善，垢异族而哀吾类，人之情也。鸟兽晤危难而相告，遇食饮而群呼，何以人而不如乎？是故瞻望乡关，何心天地；憾不插翅鹏飞，遍诉梓里。蜻蜓点水，天女行空，美哉国乎！何其夸也！卅年以前，与我奚间，一变

132

之效，乃至于此。究臻何道而然乎？固尝群取其故熟思矣，不过纯用西法而判断决定，勉强蹈厉，稽合国情已耳。敢捃间隙，敬聒同胞。

当是域锁港保守，日尊王攘夷倾幕府，士气膨胀，漫潫浃全部，几无可收拾矣。而干涉叠侵，内外交难，原野川谷有余烬，棣通任放胡期耳。武门侠烈，两何所识。昏黑阴暗闭塞，有甚吾国迩来矣。然而专制主权承其乏，一举而废幕治，破排外，改维新，以五誓结社会，握朝政之大原，虽正朔服色，男子之发刀，妇女之眉齿，数千龄悠久胶牢深锢之弊俗，不难自皇与后一旦革换而晶莹。噫！何其知黠之悬绝，强弱之殊涂，同异之迥判，而前后情实刺谬若彼也！识者曰：是幕府与有绩，不可没也。当明治以前，资遣青年留学欧美，维新诸杰遂有影响，幕府之力也。治和兰学，幕府数百年所养之士也。福泽谕吉首倡祖论，尽输文明，承幕府盛兴文学以后也。具兹三因，而欧美蓝革籍积渐东瀛，辣丁、英、法、俄、德蟹行字，尽变平片假名杂汉文矣。然则日皇因尊焉倾焉而复权可也；复权而能破攘焉排焉主开放，能纯用西法革旧制俗，变本加厉，踵事增华，益甚幕府所为矣。不知排攘者乌成其为排攘？而奚以为情？曰：是亦因耳，而非日皇智且力径能违决及此也。因何在？以国民原反动力之理想故。理想何 在？在译书尔。书何云？欧美治化之文明尔。文明译书遍大陆，而胡以感东瀛者独猛效？曰：欧之化，其理想胎于文，其精神胎于武。精神武而文中之理想实靡，非武精神也。是故甚大因果，违谬甚繁。嘻！非博深名群演哲之奥，洞澈大陆三宗之微，不能一语尽而一夕通也。夫以武精神而能力扩文理想，重以文想之武命，虽有物号称绝笨重，不患不举矣。欧洲近三期之进步，大抵希、罗以来之武命文想基之也。而东瀛自上古草昧，文想武命已混合一气，成不解缘。即徐福三千东渡，可谓奇侠绝伦。神道怪玮，足涌志气于九天之崇，喷热血于大瀛以外。特别性质，于斯定矣。汉、唐、宋、明以来，遣学同文，遣僧说法。中原之文物制俗，一效即工。流幻变迁，亦靡不改移竞争，期于符轨，和魂汉才，自成风气。全国佛徒，卓绝闳放。善审时变，而必达所希。飞扬跋扈，而独立无倚。自大秦凿通智识，斗革破坏冶化，日月一新，巨细精粗，消纳无遗。和胆洋器，乃粗语耳。然而文想以之横溢，武命以之暴吼。综其原有之精神，实不过提刷逾出耳，改进加良耳，非别创天地而现旧天地也。无他，想耳，武耳。

　　夫以日本，掺合中、西、印度三伟物，重以自出之精神，而窜益新法，以合其因体之程度，间接之倪鄂而遂有今日，遂为东洋历史上独一无二，善变善学，精进不退之祖邦，无可讳也。而我中国尤彼之文物制俗最先且老之大祖，亦无能讳且美谭也。然而我中国近日则文而不想甚矣，想而不武尤甚矣。虽曰有深结莫解之大缘，如世所称之政教学社乎？然我大圣杰贤如孔、孟，伟儒绝学如墨、惠、邹、老、庄、列；三代以下，英君如秦皇、汉武，察相如魏武、诸葛、王猛、李德裕、王安石、张居正、

134

曾文正、左文襄、李文忠之徒；俗尚如幽燕、山西、黔、滇、楚、粤；社会如战国侠烈田横五百，东汉明季之国民，何尝不雄武绝伦，勇敢判断；而其他文想瑰绝，武命壮绝，沙数斗量，何可胜道。而胡以退步疾速，智力德育，优柔沉痼，致俾大社之局面一败灰墨如此也夫！抑其文想之极度，尚与武命相悬绝，而不免于懦耶？抑其武命之极度，尚与文想相悬绝，而不免于莽耶？以故我一社文学之偏胜，不得不穷极焉，矫而有以补救之也。今将以绝学之前辈，文明之祖邦，虚心折节，下而从事问学于明强渊侈之后进，阅历广远之新都。地则同洲，人则同种，学则同文，社则同俗，过度易而鉴戒近，激发深而裨益宏，盖舍日本莫与也。夫人老难与谋新，国老难与图变，而地小则事易举，势大则功难为，此天下之至情也。大地如英、法、俄、德，皆天下之新邦，政教、学术先取于人，而已乃扩张之也。若埃及、印度、犹太、突厥、希腊、罗马之数，非灭即弱，此皆天下之旧国，政教、学术创之于己，自足过甚，自信太深，而久乃浸寻衰败也。夫日本，固天下之新国也，政教学术素取于人，而力足以张于己矣。而又三岛小国也，悬居海中，阻绝一切，危亡易见，民气易团，背水阵也。神道狂侠，不饬边幅，轻而易动，无呆板心。伊吕波文，妇孺咸喻，无精深心。吊从古之战场，谒大贤之名墓，谭宋明之理学，慕历史之英雄，有观感心。诸侯养士，文武抗历，有竞争心。是皆明治以前事，足以助文想、激武命者也。然而至今数维新之大杰，揽志士之盛名，莫不共推三藩士。

三藩士之中，莫不独推萨摩之西乡南洲翁。夫中国，入固天下之旧国也。政教学术，创之于己，地大人众，不可强为。然而自戊戌变政来，湖南则惭愧薄有萨摩人之誉。夫湖南僻在中国之南方，政教学术，大抵取索于中原，而非己有矣；则湖南者，亦犹罗马之英、法，可谓能有新机耳。特湖南省也，英、法国也，同异之间，如是而已。今以萨摩喻湖南，夫抑不无影响耶？虽然，以人地壮广众盛论，综湖南全部可以敌日本，而其膏沃殷富且无论。然则萨摩何足况湖南？其士之伟博壮烈，又何足比湖南？吾甚羞湖南有兹誉，近于以孩提之智慧，矜奖成人之骏蠢而偶变者也。然则今或以湖南之一县，而代表其有萨人之风，殆犹之可也。不然，而其毋以为荣，且毋乃滋恶。虽然，名亦实不易副矣，今且无论湖南之一县，不足以配萨摩也，然吾即恐吾湘全部之人才，犹未足以妄冀萨人士。何则？彼日本既小邦，则日本变法，固应自有小萨摩，而小萨摩则竟足以变日本矣，是其实已至也。是故地虽小而成名大，所以为荣也。今我中国既大邦，则中国变法，而欲比例日本也，固应自有大萨摩，而大萨摩至今五年未闻足以变中国矣，是其名不副也。是故地虽大而实无有，所以为恶也。且不特此也，彼欧美交通，中先于日，外患之迫，中同于日；而日本三藩之所为，则卅年以前之事也。虽曰大小之殊形，社会之异势乎，然其悖于物竞强权之理则多矣。今者亡羊补牢，解嘲聊慰，情见势绌，知者尚希。属值我国家兴学育士，淬厉图新，凡我国民，固当人人持爱国之诚热，以日相推挽摩擦，而有以应之也。湖南素以名誉高天下，武命自湘军，占中原之特色，江、罗、曾、胡、左、彭沾丐繁多。人人固乐从军走海上，以责偿其希冀矣。文想则自屈原、濂溪、船山、默深后，发达旁礴，羊角益上，骎骎驶入无垠之哲界矣。然而终觉所希之犹狭狭迸。

今某等留学此都，日念国危。茹辛含苦，已匪伊夕，触目随遇，无非震撼，局外旁瞩，情尤显白。彼中政府举措，社会情形，书报论说，空际动荡，风声鹤唳，动启感情。又湖南夙主保守，近稍开放。壮烈慷慨，凿险缒幽，故其学派，又近泰西古时斯多噶。至于开新群彦，其进步之疾速，程度之高深，凡夫东西政法科学之经纬，名群溥通之谭奥，语言文字既通，沈潜探索有日，斐然可观，足饷友朋也。时难驱迫，两美合符。通西籍则日力维艰，求速便则惟有东译。及今以欧美为农工，以日本为商贩。吾辈主人，取而用之，足敷近需。其后学界超轶，文治日新，方复自创以智人，庶俾东西而求我。当斯时也，其尚有以铁道电线为隐忧者耶？总之，我湖南一变，则中国随之矣。报国家而酬万民，御外族而结团体，天下无形之实用，固有大于斯者乎？此所以不避烦渎，为同胞罄陈也。顷各省咸集巨款，开译局，殆此志也。知我湖南必不让焉。缘译事重大，或为全国教育章程、科学及理法、实业起见，或为沟通全省修学牖下志士起见，或为溥智兆民，弥消教祸起见，或为提红给费，资助寒素留学远游起见，或为竞争商务，预防外人干预版权起见，目的繁多，悉根爱国，无他谬见也。尤复斟酌和平，力主渐进，顾全大局，维持同类。是数端者，窃愿我全省达宦长者，热血仁人，普鉴苦衷，提倡赞成，集成巨股，则他日三藩武烈之猷，忠君爱国之实，未必不骈尔见推毂我湖南矣。

要之，以新国而能输受旧学，扩张新学者，罔不兴；以新国而能浸隶旧学，绝弃新学者，罔不亡；以旧国而能扩张旧学，输受新学者，罔不兴；以旧国而能浸隶旧学，绝弃新学者，罔不亡。新旧兴亡之数，约略四端，可以尽也。爱国君子，其有意乎？湘中志士，其有意乎？南望风烟，心怛恻矣！邦人诸友，兄弟父母，尚何念哉！读《小雅》则知之矣。区区同舟，不尽多言。

蔡锷　1902 年

治兵语录按语

一、将材

古人论将有五德，曰：智，信，仁，勇，严。取义至精，责望至严。西人之论将，辄曰"天才"。析而言之，则曰天所特赋之智与勇。而曾胡两公之所同唱者，则以为将之道，以良心血性为前提，尤为扼要探本之论，亦即现身之说法。咸同之际……两公均一介书生，出身词林，一清宦，一僚吏，其于兵事一端素未梦见，所供之役，所事之事，莫不与兵事背道而驰。乃为良心血性二者所驱使，遂使其"可能性"发展于绝顶，武功灿然，泽被海内。按其事功言论，足与古今中外名将相颉颃而毫无逊色，得非精诚所感金石为开者欤！苟曾胡之良心血性而无异于常人也，充其所至不过为一显宦，否则亦不过薄有时誉之著书家，随风尘以殄瘁已耳，复何能崛起行间，建不世之伟绩也哉！

二、用人

曾谓人才以陶冶而成，胡亦曰人才由用人者之分量而出，可知用人不必拘定一格，而熏陶裁成之术，尤在用人者运之以精心，使人人各得显其所长，去其所短而已。窃谓人才随风气为转移，居上位者有转移风气之责（所指范围甚广，非仅谓居高位之一二人言，如官长居目兵之上位，中级官居次级官之上位也），因势而利导，对病而下药，风气虽败劣，自有挽回之一日。今日吾国社会风气败坏极矣，因而感染至于军队。以故人才消乏，不能举练兵之实绩，颓波浩浩，不知所届。惟在多数同心共德之君子，相与提挈维系，激荡挑拨，障狂澜，使西倾，俾善者日趋于善，不善者亦潜移默化，则人皆可用矣。

三、尚志

右列各节，语多沉痛，悲人心之陷溺，而志节之不振也。今日时局之危殆，祸机之剧烈，殆十倍于咸同之世。吾侪身膺军职，非大发志愿，以救国为目的，以死节为归宿，不足渡同胞于苦海，置国家于坦途。须以耿耿精忠之衷，献之骨岳血渊之间，毫不返顾，始能有济。果能拿定主见，百折不磨，则千灾百难不难迎刃而解。若吾辈军人，将校则以跻高位享厚禄安富尊荣为志，目兵则以希虚誉得饷糈为志，曾胡两公必痛哭于九原矣。

四、诚实

吾国人心，断送于"伪"之一字。吾国人心之伪，足以断送国家及其种族而有余。上以伪驱下，下以伪事上，同辈以伪交，驯至习惯于伪，只知伪之利，不知伪之害矣。人性本善，何乐于伪？惟以非伪不足以自存，不得不趋于伪之一途。伪者人固莫耻其为伪，诚者群亦莫知其为诚，且转相疑骇，于是由伪生疑，由疑生嫉，嫉心既起，则无数恶德从之俱生，举所谓伦常道德皆可蹴去不顾。呜呼，伪之为害烈矣！军队之为用，全恃万众一心，同袍无间，不容有丝毫芥蒂。此尤在有一诚字为之贯串，为之维系，否则如一盘散沙，必将不戢自焚。社会以伪相尚，其祸伏而缓；军队以伪相尚，其祸彰而速且烈。吾辈既充军人，则将伪之一字排斥之不遗余力，将此种性根拔除净尽，不使稍留萌蘖，乃可以言治兵，乃可以为将，乃可以当兵。惟诚可以破天下之伪，惟实可以破天下之虚。李广疑石为虎，射之没羽，精诚之所致也。

五、勇毅

勇有狭义的广义的及急遽的持续的之别。暴虎冯河，死而无悔，临难不苟，义不反顾，此狭义的急遽的者也。成败利钝非所逆睹，鞠躬尽瘁死而后已，此广义的持续的者也。前者孟子所谓小勇，后者所谓大勇，所谓浩然之气者也。右章所列多指大勇而言，所谓勇而毅也。军人之居高位者，除能勇不算外，尤须于毅之一字痛下工夫。挟一往无前之志，具百折不回之气，毁誉、荣辱、死生皆可不必计较，惟求吾良知之所安。以吾之大勇表率无数小勇，则其为力也厚，为效也广。至于级居下僚（将校以至目兵），则应以勇为惟一之天性，以各尽其所职。不独勇于战阵也，即平日一切职务，不宜稍示怯弱，以贻军人之羞。

世所谓无名之英雄者，吾辈是也。

六、严明

治军之要，尤在赏罚严明。煦煦为仁，足以坠军纪而误国事，此尽人所皆知者。近年军队风气纪纲大弛，赏罚之宽严每不中程，或姑息以图见好，或故为苛罚以示威，以爱憎为喜怒，凭喜怒以决赏罚。于是赏不知感，罚不知畏。此中消息，由于人心之浇薄者居其半，而由于措施之乖方者亦居其半。当此沓泄成风委顿疲玩之余，非振之以猛不足以挽回颓风。与其失之宽，不如失之严。法立而后知恩，威立而后知感。以菩萨心肠行霹雳手段，此其时矣。是望诸勇健者毅然行之，而无稍馁，则军事其有豸乎。

七、公明

有谓居高位以知人晓事为职，且以能知人晓事与否判别其为君子为小人。虽属有感而发，持论至为正当，并非激愤之谈。用人之当否，视乎知人之明昧；办事之才不才，视乎晓事之透不透。不知人，则不能用人；不晓事，何能办事？君子小人之别，以能否利人济物为断。苟所用之人不能称职，所办之事措置乖方，以致贻误大局，纵曰其心无他，究难为之宽恕者也。

昔贤于用人一端，内举不避亲，外举不避仇，其宅心之正大，足以矜式百世。

近世名器名位之滥极矣，幸进之途纷歧杂出。昔之用人讲资格，固足以屈抑人才；今之不讲资格，尤未足以激扬清浊。赏不必功，惠不必劳，举不必才，劾不必劣，或今贤而昨劣，或今辱而昨荣。扬之，则举之九天之上；抑之，则置之九渊之下。得之者不为喜，失之者不为歉。所称为操纵人策励士气之具，其效力竟以全失。欲图挽回补救，其权操之自上，非吾侪所得与闻。惟吾人职居将校，在一小部分内，于用人一端亦非绝无几希之权力。既有此权，则应于用人惟贤循名核实之义特加之意，能于一小部分有所裨补，亦为心安理得。

八、仁爱

带兵如父兄之带子弟一语，最为慈仁贴切。能以此存心，则古今带兵格言，千言万语皆可付之一炬。父兄待子弟，虑其愚蒙无知也，则教之诲之；虑其饥寒苦痛也，则爱之护之；虑其放荡无行也，则惩之责之；虑其不克发达也，则培之养之。无论为宽为严为爱为憎为好为恶为赏为罚，均出之以至诚无伪，行之以至公无私。如此，则弁兵爱戴长上，亦必如子弟之爱其父兄矣。

军人以军营为第二家庭，此言殊亲切有味。然实而按之，此第二家庭较之固有之家庭，其关系之密切殆将过之。何以故？长上之教育部下也，如师友；其约束督责爱护之也，如父兄。部下之对长上也，其恪恭将事，与子弟之对于师友父兄殆无以异耳。及其同莅战役也，同患难，共死生，休戚无不相关，利害靡不与共。且一经从戎，由常备而续备，由续备而后备，其间年月正长，不能脱军籍之关系，一有战事即须荷戈以出，为国宣劳，此以情言之耳。国为家之集合体，卫国亦所以卫家。军人为卫国团体之中坚，则应视此第二家庭为重，此以义言之耳。

古今名将用兵，莫不以安民爱民为本。盖用兵原为安民，若扰之害之，是悖用兵之本旨也。兵者，民之所出，饷亦出之。自民索本探源，何忍加以扰害。行师地方，仰给于民者岂止一端？休养军队，采办粮秣，征发夫役，探访敌情，带引道路，何一非借重民力。若修怨于民，而招其反抗，是自困也。至于兴师外国，亦不可以无端之祸乱加之无辜之民，致上干天和下招怨仇，仁师义旅决不出此。此海陆战条约所以严掳掠之禁也。

九、勤劳

战争之事，或跋涉冰天雪窟之间，或驰驱酷暑恶瘴之乡，或趁雨雪露营，或昼夜趱程行军，寒不得衣，饥不得食，渴不得水，枪林弹雨之中，血肉横飞，极人世所不见之惨，受恒人所不经之苦，其精神，其体力，非于平时养之有素，练之有恒，岂能堪此。练兵之主旨，以能效命于疆场为归宿，欲其效命于疆场，尤宜于平时竭尽手段以修养其精神，锻炼其体魄，娴熟其技艺，临事之际，乃能有恃以不恐。故习劳忍苦，为治军之第一要义。而驭兵之道，亦以使之劳苦为不二法门。盖人性似猴，喜动不喜静，宜劳不宜逸。劳则思逸，则淫。闲居无所事事，则为不善，此常人恒态。聚数百千血气方刚之少年于一团，苟无所以范其心志，劳其体肤，其不逾闲荡检溃出堤防之外者，乌可得耶？

十、和辑

古人相处，有愤争公庭而言欢私室，有交哄于平昔而救助于疆场，盖不以公废私，复不以私而害公也。人心之不同如其面，万难强之使同，驱之相合，则睚眦之怨，芥蒂之隙，自所难免。惟于公私之界，分得清认得明，使之划然两途，不相混扰，则善矣。咸同之役，中日之役，中法之役，列将因争意气而致败绩者不一而足，故老相传，言之凿凿。从前握兵符者多起自行间，罔知大体，动以意气用事，无怪其然。今后一有战役，用兵必在数十万以上，三十余镇之师，情谊素不相孚，言语亦多隔阂，统驭调度之难，盖可想见。苟非共矢忠诚，无猜无二，或难免不蹈既往之覆辙。欲求和衷共济，则惟有恪遵先哲遗言，自统将先办一副平恕之心始，功不独居，过不推诿，乃可以言破敌。

十一、兵机

曾胡之论兵，极主主客之说，谓守者为主，攻者为客，主逸而客劳，主胜而客败，尤戒攻坚围城。其说与普法战争前法国兵学家所主张者殆同，其时俄土两国亦盛行此说。其论出师前之准备宜十分周到，谓一械不精不可轻出，势力不厚不可成行，与近今之动员准备用意相合。其以全军破敌为上，不以得土地城池为意，所见尤为精到卓越，与东西各国兵学家所倡导者如出一辙。临阵分枝宜散，先期合力宜厚，二语尤足以概括战术战略精妙处。临阵分枝者，即分主攻助攻之军，及散兵援队预备队之配置等是也。先期合力者，即战略上之聚中展开，及战术上之开进等是也。所论诸端，皆从实行后经验中得来，与近世各国兵家所论若合符节。

十二、战守

右揭战守之法，意括而言赅，曰攻战，曰守战，曰遭遇战，曰局地战，以及防边之策、攻城之术，无独具卓识，得其要诀。虽以近世战术之日新月异，而大旨亦不外是。其论夜间宿营，虽仅一宿，亦须深沟高垒，为坚不可拔之计。则防御之紧严，立意之稳健，尤为近世兵家所不及道者也。

曾胡论兵极重主客之见，只知守则为主之利，不知守反为客之害。盖因其时所对之敌，并非节制之师精练之卒，且其人数常倍于我，其兵器未如今日之发达，又无骑炮两兵之编制，耳目不灵，攻击力复甚薄弱，故每拘泥于地形地物，攻击精神未由奋兴，故战术偏重于攻势防御，盖亦因时制宜之法。近自普法、日俄两大战役以后，环球之耳目一新，攻击之利昭然若揭。各国兵学家，举凡战略战术，皆极端的主张攻击，苟非兵力较弱，或地势、敌情有特别之关系，无复有以防守为计者矣。然战略战术须因时以制宜，审势以求当，未可稍事拘滞。若不揣其本，徒思仿效于人，势将如跛者之竞走，鲜不蹶矣。兵略之取攻势固也，必须兵力雄厚，士马精练，军资（军需器械）完善，交通便利，四者均有可恃，乃足以操胜算。四者之中，偶缺其一，贸然以取攻势，是所谓徒先发而不能制人者也。法普战役，法人国境之师动员颇为迅速，而以兵力未能悉集，军资亦虞缺乏，遂致着着落后，陷于防守之地位。日俄之役，俄军以交通线仅恃一单轨铁道，运输不济，遂屡为优势之日军所制，虽迭经试取攻势，终归无效。以吾国军队现势论，其数则有二十余镇之多，然续备、后备之制尚未实行，每镇临战至多不过得战兵五千，须有兵力三镇以上方足与敌一镇之兵相抗衡。且一有伤亡，无从补充，是兵力一层决难如邻邦之雄厚也。今日吾国军队，能否说到精练二字，此稍知军事者自能辨之。他日与强邻一相角逐，能否效一割之用，似又难作侥幸万一之想。至于军资、交通两端，更瞠乎人后。如此而曰吾将取战略战术上最有利之攻势，乌可得耶？鄙意我国数年之内，若以兵戎与他邦相见，与其孤注一掷之举，不如采用波亚战术，据险以守，节节为防，以全军而老敌师为主，俟其深入无继，乃一举歼除之。昔俄人之蹶拿破仑于境外，使之一蹶不振，可借鉴也。

蔡锷　1911 年

致梁启超书

任师函丈：

锷于抵东、抵滇之后，寄津、沪各一电，计达。弥月来周历万里，细察各处情形，多为始料所不及。综言之，人心团结，气象发皇。前所谓急进派者反诸平实，稳健派者力去弛惰而已。兹将滇情陈告梗概，殊足以慰吾师也。

滇中级军官健者如邓泰中、杨蓁、董鸿勋、黄永社等，自筹安会发生后，愤慨异常，屡进言于蓂督，并探询主张，以定进止。蓂以未得吾侪之意向所在，且于各方面情形不悉其真相，遂一意稳静。荏苒数月，莫得要领。暨闻敝宅误被搜查，锷引病出京之耗，慷慨激昂之声浪复起。迄王伯群到滇，将锷在津所发一函递到，先锷五日抵滇，蓂意遂决。锷经越入滇，注意颇属周到，不欲以色相示人。此乃秘密消息，不瞬息而传遍，盖船埠、车站、旅馆均有人坐候，遂至无可避匿。抵滇之日，儿童走卒群相告语，欣然色喜。不数日，金融恐慌为之立平，物价亦均趋平静。迄宣布独立后廿五、六等日，人心更为安适。日来举办护国纪念会，人气敌忾，有如火如荼之观。滇人侠勇好义，于此可窥见一斑。

军事部署，悉如在京时所议。惟军队分驻地相距辽远，交通复极不便，动员集中，极为濡滞。现第一梯团五日内可达昭

148

通（距省十三站），其前锋已将川迈之燕子坡（为滇师入川要隘。系川境，距昭通十站，距叙州三站）占领。第二梯团日内由省出发，俟抵毕节（为滇黔蜀用兵必争之地，距滇垣约十三站）后，相机进行。第三梯团须元宵后可集中省会，豫计非二月中旬不能抵川境。现决以蓂留守，锷出征，合并军、巡两署，恢复都督府，召集省议会，组织略如元、二年旧制。出征部只设总司令部。原议设元帅府，暂从缓，盖欲力事谦抑以待来者。锷拟于一星期后出发，所部兵力虽不厚，亦应早发，以作士气而促进行。

此间军民长官群思一睹颜色，温彻挟纩，曾历电函丈，不知均达览否？如能成行，则风声所被，不啻十万雄师也。

黔省当局初颇踊跃，继以该省准备一切，颇需时日；各省意存观望，甚至倡言立异；加以袁政府之虚声恫喝，龙建章之暗中把持，心志为之沮丧，未敢同时宣布，然一切部署，仍着着进行。循若于二号启行赴黔，伯群亦已赴兴义。滇日内已赶编一混成旅及挺进军千人，为援黔及进规湘、鄂之用。接最近黔电，似已有义不反顾之决心矣。

旬日来滇电被阻，外电之来，多作枭声。然士庶晏如，上下一心，无复些须之疑虑。将士皆志切请缨，有请愿数次而不得者。出征之部，则皆意气奋扬，有不斩楼兰不生还之概。川军已与通联络，可望一致，惟须趁北方接军未抵川、黔以前，速与作战，一举破之乃佳耳。（袁近命曹锟、马继增、张敬尧所部分道入川、黔，号称三师，其实至多不出两师。）宣布过迟，固有妨大局；宣布早，殊于军事计划大受影响。惟冀东南各省速起响应，使贼军不能远突，则西南方面军事乃易藉手。吾师其注意是幸。此间于各省情况，苦不得真相，乞时邮告。

志清、幼苏、量侪仍留滇。幼山、劼丞、秋桐、远庸、敬民、季常、觉顿、佛苏、镕西诸人尚望敦促来滇，转道入川。此时虽为军事时期，而将来一切政治上规划，亦不得不早为着手。胡文澜、陈幼苏、邓慕鲁能促之返梓尤佳。滇经济极穷乏，近得侨商之接济二十万，尚有三十万可克日汇滇，但非有大宗款项到手，不特难以展布，现局亦难支持。祈函丈特为注意为幸。肃此，敬叩道安。锷上。

赐函寄军署转交。

蔡锷　1916 年

在蒙自军政警各界欢迎会上的演说

鄙人今日辱承军政警三界欢迎，并进以祝词，奖饰溢量，自问无以副诸君之厚望，殊增惶悚。

鄙人此次巡阅南防，不能不经过蒙自一次者，诚以今之蒙自，非前此闭关时代之蒙自所可同日语。考诸蒙自之隶版图，始于元宪宗七年立蒙自千户。至元十三年，改为县，隶临安路。唐宋以前，尚荒裔无稽。自前清辟为商埠，株守一隅之蒙自，一变而为商业竞争之蒙自。自滇越铁道告成，商业竞争之蒙自，再进而为国防重要之蒙自。故蒙自之安危，直接为一省之关系，间接则一国之关系也。去岁反正，虽小有变动，如天之福，不日敉平，尚未贻误大局。此皆军政警竭力弹压之功，用能保卫安宁，维持秩序。此后内政外交，尤当力求进步，勿仅以回复原状为能事已毕，此则鄙人所希望于诸君者也。

抑更有进者，吾辈之实行革命，宁牺牲巨万之生命财产而不顾者，原为改良腐败之政府计，故破坏为建设而破坏，非为破坏而破坏也。破坏而不能建设，不第不为功之首，且为罪之魁矣。虽然，破坏固易言之，建设则难言矣。譬之改造房宇，焚毁摧倒，一举手可以奏功。至大启尔宇，始而庀木，继而鸠工，非惨澹经营，永无大厦落成之日。

溯自武汉倡义，以至南北政府统一之日，相距仅数阅月，同时达政治种族革命之两目的。视美之血战六年，法之流血八十年所仅得之者，吾国则以最短之时间、最廉之代价购之，此足为破坏最易之征。德意志联邦毕士麦竭毕生之心力，始克统一完成。加富尔之于意大利，其力任巨艰，与毕士麦同，而迭经波折，不获永其天年，至今国势犹未达圆满之域。即以吾国而论，自政府统一而后，南北隔阂，意见未消，政党勃兴，竞争剧烈，内则兵变频闻，外则风云日亟。内阁迭更，国务院如暂住之大旅馆；舆论未张，参议院如新制之留声器。此皆民国前途之悲观，亦建设维艰之一般也。然吾辈既任破坏于前，自当力任建设于后。进行之法，惟永矢忠贞，和衷共济而已。

夫共和以人民为主体，譬之一家之主人翁也。为公家服务者，则为公仆。仆从而负主人之委托，不克称职，是为不忠，从而家道衰微，不陷主人翁于流离失所之惨境不止，仆之罪不胜诛矣。公仆之对于国家何以异是？和衷共济，为共和国之真精神。譬之肩舆然，前者唱许，后者喝邪，则进步自促，无中途竭蹶之虞。廉蔺相下，则秦兵不前；洪杨交哄，而大业以坠。自古已然，于今为烈。区区之私，愿与诸君共勉之。

蔡锷　1912 年

152

在蒙自绅商学各界欢迎会上的演说

今日承绅商学各界欢迎，使鄙人得与父老子弟相见于一堂，不可无一言以答诸君之雅意，借以展鄙人之愚忱。

诸君亦知吾辈倡言改革，必摧倒专制，建设共和，其目的之所在乎？缘专制国以君主为神圣不可侵犯，土地视为私产，人民视为奴隶，故挥霍财产有如泥沙，草菅人命有如牛马。恣睢暴戾，听其所为，人民不得而干涉之抵抗之。以此，人民无国家观念，理乱置之不闻。而对国家负责任者，厥唯君主一人。下此仅有少数臣工，仰其鼻息，代君主而负担之。此种国家，在锁港时代犹堪闭关自雄，一旦与欧美文明国遇，如摧枯拉朽，岌岌不能终日。前清晚季，所以削弱而不能自存者，职是故也。共和国则不然，人民即一国之主体。凡制定宪法，推举总统，选任议员，皆出自一班人民之公意。故人民对于国家，立于最高无上之地位，即对于国家负无穷之义务，担无限之责任。上下一体，万众一心，乃能共济艰难，匡扶大局。美、法今日所以擅雄世界，职此之由。吾国自去秋武汉倡义以来，不数月而掀翻专制，得与美、法列强相见于廿世纪之大舞台，何幸如之。他日制定宪法，自当采其所长，弃其所短，以收折衷尽善之益。至于内力之充实，须视人民自治之能力以为衡。如美之中央政府仅总揽外交、军政、用人诸大权，即总统之权限亦仅在乎此。

各州之分政府，号有特权，其实不过将关于集权之事，间接递之中央。其中坚而饶有势力者，则最下级之自治团体也。如教育、实业、交通以及卫生、慈善诸要政，皆地方自治团体负完全责任，而无事中央及各州分政府之过问，稍闻国政者所共知也。自治发达，则内力自然充实，然后可言对外。一旦国际有伤平和，取决武力亦非难事。况事事展布于平日，即可以保武装之平和。如滇地多山，富于矿产，多方开采，货不弃地，外人自无从垂涎。交通不便，能广兴路政，使铁道、电车、马路次第发达，即可以戢列强铁道政策之野心，而已失之路矿权，亦可徐图收回，作亡羊补牢之计。再进而推广学校以谋教育之普及，改良警察以保地方之安宁，岂第自治之能事已毕，即折冲御侮之宏谟具于是矣。虽逼处强邻，夫何畏哉！孟子曰："夫人必自侮而后人侮之，国必自伐而后人伐之。"又曰：入则无法家拂士，出则无敌国外患者，国恒亡。"明训昭然，可深长思。愿与诸君共勉之。

蔡锷　1912 年

154

在个旧各界欢迎会上的演说

鄙人巡阅到个，今日承各界欢迎，得与诸君接洽，曷胜荣幸！际此盛会，不可无一言以为诸君勖。

溯自云南反正，继湘鄂之后援，倡黔粤之先声，西南大局视此为转移，影响民国至为伟大。但反正之初，本省则特为危险。缘滇省接壤强邻，前清时代已有朝不保夕之虞，一有不慎，动贻外人以口实而祸患随之，鄙人当日窃以为隐忧。乃义旗既树，如响斯应，风声所播，迎刃而解。对内则比闾不惊，对外则怀柔备至，苟非各界深明大义，曷克臻此？前此外人谓吾国人民无改造政府之能力，即吾国政界之稳健派，亦深以人民程度未齐难倡改革。岂意武汉发难，各省靡然从风，不数月而掀翻专制，五族共和，遂开五千年未有之创局。此固各国所不及料，而吾国对于外人轻视之言，差堪雪耻者已。虽然，破坏既终，建设伊始，方针一错，登岸无望。勿以前此破坏之功为大可恃，勿以后此建设之业为遽可期。自南北统一以来，各省则兵变频仍，政党则竞争剧烈，兼以日俄联盟，瓜分将兆，蒙藏离析，瓦解可忧。丁此危局，即众擎以举，一致进行，犹恐巨浪狂风之压迫，无出险之望。此鄙人对于民国前途甚抱杞忧，窃愿与诸君同舟共济，力挽时艰者也。抑更有进者，个旧自宋以前犹沦荒裔，自锡矿发见以来，人争趋之，以此户口繁滋，商务殷盛，遂成吾国惟一著名之锡厂。前清光绪十一年，将双水同知移驻于此，诚以一省富源攸关，故较他属特为注重。鄙意此间锡矿倘能竭力提倡，开采得法，每年所入当不止四五千万元。改良之法，若从根本着手，非从事教育不可。若建设一矿业学校，研究开采冶金等术，一便实地练习，二免借才异域。数年之后，当改旧观。为急，则治标之计，亦宜渐变土法，广聘矿师，开采冶炼，均用机器。一资本家之力量不足，则合众资本家以谋之。如此则获利必厚，厂主无倒闭破产之虞，砂丁鲜沉沦地狱之苦。然后再筹畅销之路，从事路政，以铁道为主，以马路为辅。输出之品，滇越铁道公司不至垄断其利，价愈廉，则销路愈广。输入之品，源源接济，不至米珠薪桂。十年之后，所谓黄金世界者，殆无以易之矣。勉旃！

蔡锷　1912 年

云南起义告滇中父老文

锷去滇二年于兹矣。忆辛亥起义，仓卒为众所推，式饮式食于兹土者亦既有年。自维德薄能鲜，无补于父老。而父老顾不以其不职而莫我肯榖焉，则父老之所以遇我者良厚。属以内迁，不获久与父老游，卒卒北行，伴食权门，郁郁谁语？睹此国难之方兴，计好义急公，堪共忧患誓死生者，茫茫宇内，盖莫我滇父老若。今锷之所以来，盖诚有为国请命于父老之前者，愿父老之垂听焉。

民国成立以还，袁逆世凯因缘事会，遂取魁柄，凭权借势，失政乱国。内则金壬竞进，苛政繁兴，盗贼满山，人民憔悴；外则强邻侵逼，藩服携贰，主权丧失，疆土日蹙。乃袁逆曾不悔祸，犹复妄肆威权，排斥异己，挥金如土，杀人如麻，等法制如弁髦，玩国民于股掌。伊古昏暴之祸，盖未有若袁逆世凯之甚者！顾中国志士仁人所以忍痛斯须，虚与委蛇者，诚念飘摇风雨，国步方艰，冀民国国体不变，元首更替有期，犹可徐图补救耳。乃袁逆一身祸国犹虞不足，又复帝制自为，俾兹祸种，贻我新邑。袁逆之帝制成，吾民之希望绝矣。比者昨土分封，绵蕞习礼，袁逆急急顾景，若不克待。而起视四境，则弥天忿叹，群发曷丧偕亡之恶声。武夫健士，则磨刀霍霍，莫不欲剚刃贼腹。袁逆日暮途穷，谋逆愈亟，惧人心之不附，则又援外力以自固。

参加欧战之危局，哀乞东邻之援助。以若所为，不惜以国家为孤注，以求彼一人之大欲。

呜呼！袁逆冢中枯骨耳！石敬瑭、张邦昌之故事，彼固可聊以自娱。顾我神明华胄，共偷视息于小朝廷之下。嗟我父老，其又安能忍而与此终古耶！诸葛武侯有言，汉贼不并立，王业不偏安。今日之势，民国国民与袁逆义不共戴。三户亡秦，一旅兴夏，有志者事竟成，此匹夫之通责，而亦天下之公言。虽然，积威约之渐，举国若痁，相视莫敢发难。独以西南一隅，先天下而声叛国之罪，是则我父老之提携诱导，其义闻英声，夫固足以大暴于天下后世矣。

锷远道南来，幸获从父老之后，以遭兹嘉会，而又过辱宠信，扫境内之甲兵以属之锷，俾得与逆贼从事。锷感激驰驱，竭股肱之力，济之以忠贞，以求勿负我父老之厚望而已。抑全功未必一蹴之可企，而有志岂容一息之或懈。锷行矣，其所贾余勇，策后劲，以期肤功迅奏，而集民国再造之大勋者，伊谁之责？愿我父老之一鼓作气，再接而再励，以期底于成。斯国家无疆之庥，而亦吾滇父老不朽之盛业也。

蔡锷　1915 年

护国军出师誓告国人文

中华民国护国军总司令蔡锷誓告于我全国同胞公鉴：袁为不道，窃号自娱，言念国危，有如朝露。锷等不忍神明之胄递降舆台，更惧文教之邦永沦历劫，是用奋发，力任驱除。首事不过兼旬，风声已播全国，具见时日之痛悉本于人心，差幸疾风之节犹光于天壤。惟是榱崩栋折，讵一木之能支，定倾扶危，将群材之是赖。锷等回天力薄，返日心长，不惜执挺效挞伐之先，所冀鼓桴有声应之助。乃如党分洛蜀，疑有异同，地判越秦，不无歧视。或谓伯符有坐大江东之势，抑恐敬业存觊觎金陵之心。凡此疑似之辞，虑不免于谗间之口。窃为是惧，用敢披沥肝胆，谨布誓词以告国人，并自申警：

一、同人职责，惟在讨袁，天助吾民，幸克有济，举凡建设之事，当让贤能，以明初志。个人权利思想，悉予铲除。

二、地无分南北，省无论甲乙，同此领土，同是国民，惟当量材程功，通力合作，决不参以地域观念，自启分裂。

三、倒袁救国，心理大同，但能助我张目，便当引为同志，所有从前党派意见，当然融消，绝无偏倚。

四、五大民族，同此共和，袁氏得罪民国，已成五族公敌，万众一心，更无何等种族界限。

兹四义者，誓当奉以周旋。苟此志之或渝，即明神所必殛。

皇天后土，实式凭之。惟我邦人诸友，鉴此心期，或杖策以相从，亦剑履之遽及。其诸同仇可赋，必有四方豪杰之来，众志成城，不堕二相共和之政。谨告。

蔡锷　1916 年

蔡锷家书九封

一

蕙英贤妹青睐：

别后苦相忆，想同之也。十六号启行，按站北进，沿途俱安适。所部各队均恪守纪律，士气尤为奋厉。廿五抵黔境之箐头铺，预计一星期内可抵毕节，两星期内可入川境与敌人接触矣。出发后，身体较以前健适，喉病已大愈，夜间无盗汗，每日步行约二十里，余则乘马或坐轿，饮食尤增。从前间作头痛，今则毫无此症象发生，颇自慰也。堂上以下，闻余此次举动，初当骇怪，继必坦然，盖母亲素明大义而有胆识，必不以予为不肖，从而忧虑之也。过宣威时大雪，尚不觉寒。据此间人云：今年天气较往年为佳，殆天相中国，不欲以雨雪困吾师行也。何君国镛亦甚健适，并闻。分娩后希寄一电，为男则云某日迁居东门，为女则云某日迁西门，母子俱吉则云新宅颇安适可也。此问妆安。名心印。

二

蕙英贤妹妆次：

由威宁发一函，计达。廿九号于贵州之毕节，因等待队伍，在此驻扎两日，现定二月一号向永宁出发。我军左纵队已占领四川之叙州、自流井、南溪、江安一带；右纵队之董团，今晚可进取永宁；旬日之内，即可会师泸州，三星期内定可抵成都矣。预想成泸之间，必有几场恶战，我军士气百倍，无不一以当十，逆军虽顽强，必能操胜算也。余素抱以身许国之心，此次尤为决心，万一为敌贼暗算，或战死疆场，决无所悔。但自度生平无刚愎暴厉之行，而袁氏有恶贯满盈之象，天果相中国，其必以福国者而佑余也。川中军民对余感情甚洽，昨来电有奉余为全川之主云云。但川省兵燹连年，拊循安辑颇非易易耳。手此即询近好。锷言。

三

蕙英贤妹如见：

顷发一函，计与此信同到。顷接尊严电示：吾妹复生一男，母子俱吉等因，曷胜庆慰。吾妹连年诞生麟儿，殆天公所以报吾妹为子之孝，为母之慈，何幸如之。惜堂上远隔在湘，电音阻塞，不能闻斯喜兆耳。今日为我军占领永宁之日，而得此佳报，与前年端午日在津养疴时，而得端生诞生之电，遥遥相对，可贺也。吾妹于归后，连年生育，因之气血大亏，宜善加调摄。如有良好之乳母，总以早为雇请为要。儿名可命名为永宁，以志纪念。余尚存若干款，在解义山处，已嘱拨交于尊严处，不久想可交到也。手此即问妆安。锷言。

162

四

别经三月，相念弥笃。余于疆场中，万事猬集，无暇致书通问，日来稍安闲，兹特以书告。我军入川以来，以攻则捷，以守则固，虽逆军兵力较我为倍，亦能出奇制胜。弥月以来，纳溪之役，逆军死伤三四千人，其胆已落。三月八号，我军移转阵地，竟不敢追出一步。日昨我军复分头出击，毙敌及俘虏不下千人，获敌枪炮子弹及其他战利品甚多。经此两役，逆众虽悍，不足虑也。予近来身体健适，第喉病尚未全愈。全军将士上下一心，无不奋勇图功。吾妹产后体态如何？乳儿壮健否？甚念！极盼常寄信来，以慰悬系。匆此即问近佳，并颂阖府清吉。锷白。

五

日来接到手书两封：一由邮局寄来，一由某专差带到，借谂贤妹及阖府诸人平安无恙，至慰远系。永宁儿已能嬉笑，尤足滋家庭之乐，甚盛，甚盛。接湘中来电：堂上以下均安居无恙。惟据殷叔桓君面称：闻重庆报载，袁逆有查抄家产之命，将华昌公司矿股及赢利三万余元提出云云。是否确实，要不得知。但此事殊无碍，事定后尽可索还也。近闻袁逆有遁走之说。又各省大多数为我左袒，袁纵不逃，此二、三月内倒之必矣。然此后政治上、兵事上收拾整顿，殊为难耳。旬日前发一电，命龚嘉福携带行李来川，并将贤妹母子照片带来，想已接到矣。予近月来颇为病所苦，两星期内喉病加剧，至不能发音，每至夜中，喉间痒痛，随而大咳。近服西医配药，已稍愈。此病起自去冬，因国事奔驰，迁延未治，遂至缠绵，其来也渐，则医治亦难急切奏效也。好在军中客少，可竟日缄口不言，当无碍也。现在已停战月余，我军从事教练新兵，然在阵线之部队，时与逆军有小冲突。逆军军纪最坏，辄游掠民间，常为我军及人民所击杀。北军与我交锋以来，从未稍得便宜，官长死亡殆尽（仅第一师一师中，营长只剩一人），绝无斗志；加之月来将纳溪地方让其占领，其地殊不易守，须兵甚多，不能安息。时令入夏，前以激战之余，遍地皆新冢，卫生极不宜。近闻彼中瘟疫大作，死亡相继，即我军不进攻，彼亦难久支矣。蜀中文武长官，近常来通款，允与我一致，不日即可宣布独立。俟川事定，即移师东下。以大势揣之，即不用兵，国事亦定也。手此顺问妆安。锷言。

六

蕙英青及：

昨接来书，知合家清吉，甚慰远系。照片及衣物等，现尚未到，大约更须十日，方能到永也。予以喉病加剧，暂回永宁调养，前敌各事，暂责成罗、殷、顾、赵诸人处理一切。现当停战期内，当无虞也。昨已寄家信一封，付宝庆，不揣能到否也。堂上以下，前数月内必甚担忧，现当释然矣。雷时若前由陈二庵派来商议一切，现委令率第一梯团驻扎叙府。修翰青亦不日来此，大局消息甚好。袁世凯已打算退位，不久即罢兵息战矣。此次事业，较之辛亥一役，觉得更有光彩，而所历之危险亦大，事后思之，殊壮快也。顺问湄安。波手启。

七

蕙英如见：

顷由周、姜两君之专差发寄一书，当与此信先后递到。与君别久，相忆殊深。月来养疴来永，公务较简，而回溯远道之思，时潮涌于胸臆。假使能仗飞机，驶赴五华，图片时之良晤，予病当不药而瘳矣。月前有自湘来者，谓阖宅无恙，端生甚健适，屈指计之，将周两岁。时日不居，岁月如流，追怀旧事，殊不胜今昔之感。前函谓永宁貌与端生相若，近来如何，有无不同之点，永儿之眼光如何，能如端儿之眼奕奕有神否？端儿初生一二月间，因无良乳，颇觉羸弱，迨得麻奶妈后，始渐壮健，后又稍瘦瘠，然精神则甚旺也。今永儿则如何，较其兄好带否？老三自返滇后，似不甚舒适，近来何如？予除喉病外，一切如常，饭食尤健，精神充足，惟肝气稍旺耳。大局消息甚佳，不久即可平和解决。与君聚首之期，当不远也。即问近佳。夫白。

八

昨接来书，慰我良多，借谂玉体清吉，永儿已能嬉笑，甚盛，甚盛。所雇乳母，务择身体强健无病，性质和厚者为宜；且乳之稀浓，亦须合度乃可。自前月大捷后，敌我两军战线上颇形寂寞。因我军不进攻，则彼必不敢来攻耳。近则两军约停战月余，以函电与北京及成都商办一切，然迄无结果。现已促成都独立，颇有把握。成都独立后，则我军声势更浩大，袁倒必矣。举战以来，一切顺利，皆出意想之外，可以卜天心矣。戎马倥偬中苦忆汝母子，望摄一相片寄来为幸。龚嘉福可令携切要各行李来永。余不多及，此询近安。

九

蕙英贤妹青睐：

昨杨君来，接手书并衣箱一只，单开各件，均已收到。展阅照片，尤为欣慰。贤妹及老三较前稍觉丰腴。永儿之相，不甚肥壮，其貌大致与老三相若，比之端儿，似含庸平之气。谚云："庸人多福"，或亦载福之子欤！而抱坐不端正，难显真面目。尚望仿北京办法，令其独照一相寄来为盼。成都已迫之独立，此后川事当易解决。但袁军尚有三师在川，不得不有以处分之，其结果或将再开战。新援将到，我军兵力较敌雄厚，当不难一战蹴敌于蜀境之外，乘势东下武汉也。予喉病忽松忽剧，自觉体质殊不如前数年之健，亟须趁时休养。而大局稍定，争权夺利者必蜂拥以出。予素厌见此等伤心惨目之情状，不如及早避去之为得。一俟局势略定，即当抽身引退，或避居林泉，或游海外；为疗病计，以适国外为佳。贤妹亦有偕行之意否？滇省近状如何？米价如何？有何种风说？凡可告之事，均望写信以告，用慰远怀。龚嘉福既充营团差遣，甚佳。龚甚聪颖可靠，殊望其从此做一好军官也。手此，即询近佳。波白。

蔡锷

祭蔡松坡文

蔡松坡之丧，归自日本，止于上海，将返葬乎湖南。友生梁启超既与于旅祭，更率厥弟启勋，厥子思顺、思成等，敬洁清酒庶羞，奠君之灵而哭之，以其私曰：呜呼！自我松坡之死，国中有井水饮处皆哭，宁更待吾之费词。吾松坡宜哭我者，而我今哭焉，将何以塞余悲？君之从我甫总角耳，一弹指而二十年于兹。长沙讲舍隅坐之问难，东京久坚町接席之笑语，吾一闭目而暖然如见之。尔后合并之日虽不数数，然书札与魂梦日相濡沫而相因依。客岁冬间灭烛对榻之密画，与夫分携临歧之诀语，一句一字，吾盖永刻骨而镂肌。三月以前，海上最后之促膝，君之音嗗尫貌与其精心浩气，今尚仿佛而依稀，吾松坡乎！吾松坡乎！君竟中道弃余，而君且奚归？呜呼！庚子之难，君之先辈与所亲爱之友聚而歼焉，君去死盖间不容发。君自是发奋而莅军，死国之心已决于彼日，乙巳广西不死，辛亥云南不死，去冬护国寺街不死，今春青龙咀不死，在君固常视一命为有生之余，今为国一大事而死，此固当其职。虽然，吾松坡之报国者，如斯而已耶？不获自绝域以马革裹尸归来，吾知君终不瞑于泉窟。呜呼！君生平若有隐痛，我不敢以告人。要之，今日万恶社会，百方慼君于死，吾复何语以叩苍旻？嗟乎！松坡乎！汝生而靡乐，诚不如死焉而反其真。尔翁枯守泉壤者十有五载，待君而语苦辛。君之师友在彼者，亦已泰半，各豁冤抱，迓君而相亲。嗟乎！松坡乎！斯世之人，既不可以与处，君毋亦逃空寂以全其神，其更勿赍所苦以相诤告，使九渊之下永噎而长嚬。呜呼！余天下之不祥人也，而君奚为乎呢？吾屈指平生素心之交复几许？弃我去者，若损箦相续，而几无复余。远昔勿论，近其何如。孺博、远庸、觉顿、典虞，其人皆万夫之特，皆未四十而摧折于中途。嗟乎！嗟乎！天不欲使余复有所建树，曷为降罚不于吾躬而与吾徒？况乃蓼莪罔极，脊令毕逋，血随泪尽，魂共岁徂。吾松坡乎！吾松坡乎！汝胡忍自洁而不我俱。呜呼！吾有一弟，君之所习以知；余有群雏，君之所乐于嬉。今率以拜君，既以侑君之灵，亦以永若辈之思。心香一瓣，泪酒一卮，微阳丽幕，灵风满旗，魂兮归来，鉴此凄其。呜呼哀哉，尚飨。

梁启超

《蔡松坡先生遗集》序

蔡公松坡卒后之二十八年，邑人士怀公伟烈，相与衷集公之遗稿刊行于世，以范后进，将付剞劂，属剑农序其端。

十余年前，剑农尝述近史至洪宪僭帝，公树义于滇事，欲悉公建军护国之始末，求公遗文笺札，仅获公军中遗墨若干帙，由泸中华书局所影印者。虽由是谂公入滇规川艰苦经画之崖略，顾以未足尽彰公之盛烈为恨。未几，遇同邑友人刘君粹叔于长沙。粹叔喜网罗乡先贤遗佚旧闻，因相与追维公之往事。粹叔谓已得公遗著若干种，拟更旁搜远征，成公遗集，待机刊布。剑农甚喜，曾倩其雇写工录副，畁予庋藏，以防散佚，盖欲以存史实，虑刊资之不易筹措也。兹得同邑诸君子成此盛举，所搜辑视粹叔旧所得又多，仍由粹叔任编次之劳。粹叔又即公生平出处行事纂为年谱一卷，弁诸集首，益大慊于私怀。

夫公固非欲以文章显于后世，粹叔及同邑诸君子亦非徒重公之文章也。公昔以十余龄童子成邑名诸生，时科举之制未除，清政失绪，国是益蹙，公毅然弃举子业渡海学治兵。一时俊髦杰士，竞言革命，谋光复，至或诋湘贤曾胡诸名公右满清挫洪杨为不道。公光复之怀不让于人，独心仪曾胡，集曾胡治兵语录以范部属，盖公之所见自有其大者远者。

光复后，袁氏私怀僭窃，阴忌公，令公总经界局事以羁縻之。

170

公亦知袁氏无诚意，但以此为豢，顾谓僚属曰："环境如斯，规措所及，能否见诸施行未可卜，然此固经国之大本也，吾辈不宜苟且将事。"时醴陵袁君雪安任局中总参议，剑农尝于雪安所著回顾录中得此语。及袁氏僭谋既暴，经界事悉付流水，公脱险入滇。袁以僭帝不成死，公亦以劳瘁殒其身。袁仅留洪宪伪号，资后人之讪笑，而公谋国之诚，犹耀然于督导僚属所草拟之经界三书中，为今言地政者所取资。所可恸者，公经文纬武之志业，遂以是而止。岂公之不幸耶，亦民国之大不幸也。

公起家寒素，历岁治军南省。光复之初，开府滇中且二年，未尝为身谋。盖棺后，家室萧然无长物，尤足为当世军人楷模。其他盛德休烈，具详遗集及粹叔所纂年谱中，读者当自知之，无庸下士之赞叙也。

李剑农 1943 年

护国岩述并序

护国岩，在永宁大洲驿，故松坡将军游钓处也。戊午（一九一八年）腊，吾自永宁归，舟行三日，过岩下，命舣舟往吊之。一时热泪交迸，不能仰视。明日，至泸洲寓中，有老者斑白矣，自言为大洲驿人，将军驻驿中时，尝为采瓜果馈之。因迎老人坐榻上，煮酒挑灯，请话护国岩故事。且饮且酌，且倾听，且疾书，就老人所述者述之，成《护国岩述》。述成，更大酌一杯奉之。老人笑曰："是述乎？是哭乎？"吾曰："唯，唯，是亦述也，是亦哭也。"时民国八年（一九一九年）一月七日也。

护国岩，护国军，伊人当日此长征。五月血战大功成，一朝永诀痛东瀛。伊人不幸斯岩幸，长享护国名。

忆当日，几纷争，闾阎无扰，鸡犬无惊。问民病，察舆情，多种桑麻与深耕。视屯营，抚伤兵，瓦壶汤药为调羹。雪山关，永宁城，旌旗千里无人闻。沙场天外闹哄哄，儿童路上笑盈盈。扁舟点水似蜻蜓，五月熏风好晚晴。芳草绿侵岩畔马，夕阳红透水中云。双双归鹤逐桡行，银袍葵扇映波明。伊何人？伊何人？牧童伴，渔父邻，滇南故都督，护国总司令，七千健儿新首领，蔡将军。

报将军，敌来矣！蓝田坝失先锋靡，团长陈礼门，拔剑自刣呼天死。妇女辄轮奸，男儿半磔死。洗茅庐，比户烧，杀声遍地起，敌兵到此不十里。既无深沟与高垒，将军上马行行矣。将军回言休急急，我有三军自努力，但教城民缓缓迁，背城好与雌雄敌。

报将军，敌来矣！右翼陷落左侧毁，敌人势焰十倍莍，彼众我寡何能抵？弹全空，炊无米，马尰隤，士饥馁。百姓已过西山趾，将军上马行行矣。将军回言休絮絮，风和日暖景明媚，与尔披衣同杀贼，黄昏不胜令军退。

报将军，敌来矣！东城已破北城启。漫天漫地索虏声，如潮澎湃蜂拥挤。蹄迹跋跋已动墙，喇叭喧喧渐盈耳。百姓去空兵全徙，将军上马行行矣。将军回首敌来耶，星稀月朗夜何其。束吾行囊卷吾书，执吾鞭辔荷吾旗。敌兮敌兮吾知彼，小别也纳溪。

棉花坡上贼兵满，弹丸纷坠如流霰。巨炮号六棱，令地震摇人落胆。一营冲锋去，应声匝沟畎。二营肉搏来，中途无回转。三营五营但纷崩，浩荡追随如席卷。霎时流血滟长江，马踏伏尸蹄铁软。

吁嗟众士听我言，计今唯有向前赶。尔乃共和神，国家干，同胞使者皇天眷。三户可亡秦，况我七千身手健。连长退缩营长斩，营长退缩团长斩，团长退缩旅长斩，旅长退缩司令斩，司令退缩众军斩。斩，斩，斩；敢，敢，敢！

进营门，报将军。尔何人？我乃江上野农民，业采薪。尔何云？北兵偷向江南侵，艨艟二十四，舢板如云来。来何处？二龙口下马腿津。远几许？四十里弱三十赢。将军上马令疾行，遥见岸北敌如云。方待渡，欲黄昏，将军下马令逡巡。一列伏石根，一线倚荒坟，后翼伺丛林，伐鼓在山村，机关炮队据尚墩。月黑，风阴，野静，潮横，急湍拍拍岸沉沉。艨艟二十四，舢板如鳞，得意一帆江水深。炮轰轰，枪砰砰，鼓冬冬，雾腾腾，琮琮，玎玎，飒飒，纷纷。一阵马鸣山崩，不辨哭鬼号神。北人从此不南侵，是之谓，得民心。

今日者，岩无恙，只苍藤翠竹增惆怅。犹是军，犹是将，犹是丁年，犹是甲帐。何为昔爱戴，而今转怨谤？只为西南政策好，谁知反将内乱酿。互猜疑，互责让，互残杀，互敌抗，一片天府雄国干净土，割据成七零八落，肮脏浪荡。顾山高水长空想望，益令我，思良将。

吴芳吉 1919 年

蔡锷年谱

1882 年　出生

12 月 18 日（农历十一月初九日），蔡锷出生于湖南宝庆，取名松坡，学名艮寅，1900 年改名锷。

1887 年　5 岁

蔡家居武冈山门黄家桥。

1888 年　6 岁

开始由父亲教导读书识字。

1895 年　13 岁

中秀才。

1898 年　16 岁

3 月，进入长沙时务学堂学习。

8 月，因为戊戌变法失败，时务学堂被取消。

1899 年　17 岁

考入上海南洋公学，后接到梁启超的信，东渡日本求学。

1900 年　18 岁

八国联军入侵天津、北京。蔡锷赶回国内参加唐才常主持的起义。

7 月，起义失败后，蔡锷返回日本。

1901 年　19 岁

在东京成城学校学习，与旅日的湖南同乡创立了"湖南编译社"、"游学编译社"和校友会。

1902 年　20 岁

从东京成城学校毕业，8 月，进入日本仙台骑兵第二联队，成为一名入伍生。

11 月，成为东京士官学校的自费生，后补为官费生，在骑兵科学习。

1903 年　21 岁

为反抗沙俄对东北的领土要求，和黄兴、蓝天蔚共同创立拒俄义勇队。

1904 年　22 岁

从日本士官学校第三期骑兵科毕业。回国，在上海加入爱
国协会。接受江西巡抚夏时的邀请，任江西续备左军随营学堂（后
改名材官学堂）监督。

1905 年　23 岁

接受湖南巡抚端方的邀请，任湖南新军教练处帮办，兼武备、
兵目两学堂教官。

7 月，应广西巡抚李经羲邀请，成为广西新军总参谋官兼总
教练官，后来又成为随营学堂总理官。

1906 年　24 岁

8 月，到河南彰德参加北方新军秋操演习，担任中央评判官，
应邀前往北京考察军事机构状况，访问了陆军部、练兵处和北
京附近的各镇新军。

1907 年　25 岁

创办广西陆军小学，担任第一任总办。

1908 年　26 岁

3 月，被任命为新编常备军第一标标统，陆军小学由雷飙代行职务。

1909 年　27 岁

奔赴龙州接办讲武堂，整饬学校纪律。

1910 年　28 岁

6 月，兼任广西混成协协统及学兵营营长。

10 月，调任云南新军三十七旅旅长。

1911 年　29 岁

辛亥革命爆发。

9 月，光复昆明，被推荐为云南都督。

1912 年　30 岁

革新政府制度，巡视各地，恢复云南讲武堂。

1913 年　31 岁

奉调赴京，推荐唐继尧继任云南都督。

1914 年　32 岁

担任参政院参政，海陆军大元帅统率办事处处员，与蒋方震等人成立军事研究会。

1915 年　33 岁

派人护送母亲、夫人返回云南。

因患喉症入天津共和医院继续治疗，与友人秘密商议反袁大业。

11 月秘密东渡日本，辗转到达昆明。

12 月昆明召开独立大会，随后通电宣告云南独立，声讨袁世凯。

1916 年　34 岁

率领护国军兴兵讨袁，击败北洋军张敬尧等部。

9 月，东渡日本治疗喉疾。

11 月 8 日，病逝。